高等职业教育校企"双元"合作开发教材

U0501509

财务管理综合实训

新准则 新税率

主　编　付　晓　王昕昕　吴　楠
副主编　王　伟　尹迎新　赵　静
　　　　刘　莉

CAIWU GUANLI ZONGHE SHIXUN

质检

新形态
教材

本书另配：教学大纲
　　　　　课程标准
　　　　　教学课件
　　　　　微课视频

中国教育出版传媒集团
高等教育出版社·北京

内容提要

本书是高等职业教育校企"双元"合作开发教材。

本书根据典型工作任务设置了六个教学项目,涉及财务管理综合实训准备、运营管理实训、资金管理实训、成本管理实训、财务总监实训、财务管理综合实训评价。全书以企业经营过程为主线编制学习内容,采用"岗位引领、任务驱动"的教学方法加强对学生职业能力的培养,满足"教、学、做"一体化的教学要求。为利教便学,部分学习资源(如微课)以二维码形式提供在相关内容旁,可扫描获取。此外,本书另配课程标准、教学大纲、教学课件等,供教师教学使用。

本书既可作为高等职业教育财务会计类专业学生用书,也可作为社会相关人员培训用书。

图书在版编目(CIP)数据

财务管理综合实训 / 付晓,王昕昕,吴楠主编. —
北京:高等教育出版社,2022.4
ISBN 978 – 7 – 04 – 057605 – 4

Ⅰ.①财… Ⅱ.①付… ②王… ③吴… Ⅲ.①财务管
理—教材 Ⅳ.①F275

中国版本图书馆 CIP 数据核字(2022)第 016724 号

| 策划编辑 毕颖娟 李 晶 | 责任编辑 李 晶 蒋 芬 | 封面设计 张文豪 | 责任印制 高忠富 |

出版发行	高等教育出版社	网 址	http://www.hep.edu.cn
社 址	北京市西城区德外大街 4 号		http://www.hep.com.cn
邮政编码	100120	网上订购	http://www.hepmall.com.cn
印 刷	江苏德埔印务有限公司		http://www.hepmall.com
开 本	787mm×1092mm 1/16		http://www.hepmall.cn
印 张	11.25		
字 数	274 千字	版 次	2022 年 4 月第 1 版
购书热线	010-58581118	印 次	2022 年 4 月第 1 次印刷
咨询电话	400-810-0598	定 价	29.00 元

前　言

本书遵循以学生为中心的教学理念,结合高等职业教育财务管理课程的教学改革实践,在校企合作的基础上编写而成。

本书按照"教、学、做"一体化的要求,从企业财务岗位出发,以工作任务和职业能力分析为基础,形成系统化的职业能力清单,并以各岗位职业能力为核心构建学习单元,将职业能力落实在操作过程中。本书根据典型工作任务设置了六个教学项目,分别为财务管理综合实训准备、运营管理实训、资金管理实训、成本管理实训、财务总监实训和财务管理综合实训评价,采用"岗位引领、任务驱动"的教学方法加强对学生职业能力的培养,具有较强的实践性。

本书具有以下几个特点:

(1)**融入课程思政,落实立德树人、铸魂育人。**本书逐一剖析课程任务的课程思政融入点和融入形式,通过设计项目素养目标、整理课程思政教学案例等形式,融合专业课程有效开展中国特色社会主义和中国梦教育、社会主义核心价值观教育、法治教育、劳动教育、心理健康教育、中华优秀传统文化教育,落实教材立德树人、铸魂育人的根本任务。

(2)**促进"岗课赛证"融合贯通。**本书编写团队与厦门网中网软件公司深度合作,依托网中网财务决策实战平台开展财务管理综合实训,该平台为金砖国家技能发展与技术创新大赛之智能会计赛项提供技术支持。本书既可供学生校内实训使用,也可以作为参赛备训的参考用书。

(3)**对接岗位要求。**在内容选取上突出高等职业教育人才培养的特点,学习任务主要来源于工作内容和岗位要求,实现学习和工作一体化,对接企业岗位需求,力求服务区域经济发展。

(4)**创新教学模式。**采用"岗位引领、任务驱动"的教学方法,每个项目都是根据各财务岗位的典型工作任务设置教学内容,通过完成任务,使学生能够认识问题、分析问题、解决问题,学会思考研究,力求"教、学、做"一体化。

(5)**注重学生综合素质提升。**通过小组任务,锻炼学生的沟通协调能力、解决实际问题能力、自主学习能力,增强团队合作意识,全面提高学生的职业素养。

　　本书由山东商务职业学院付晓、吴楠,烟台职业学院王昕昕担任主编,山东商务职业学院王伟、尹迎新,厦门网中网有限责任公司赵静、刘莉担任副主编,山东商务职业学院傅雪薇、秦菲、李洁参编。其中,项目一、项目二由付晓编写,项目三由吴楠编写,项目四由王伟和尹迎新共同编写,项目五由赵静和刘莉共同编写,项目六由王昕昕编写。编写过程中编写团队参阅了大量的相关著作、教材、文献和网络资料,吸取和借鉴了同行的相关成果,再次向有关作者表示诚挚的谢意。

　　本书可作为高等职业院校、民办高校以及应用型本科院校财会专业的实训教材,也可作为在职人员培训教材以及各类经济管理人员的参考读物。为利教便学,本书另配有教学大纲、课程标准、教学课件、实操演示等数字化教学资源,扫描书中二维码还可直接使用相关资源进行理论学习及实训。

　　由于编者水平有限,书中如有不足之处,敬请各位专家和读者批评指正。

2022 年 3 月

目　录

资源导航

项目一 财务管理综合实训准备

【知识目标】

1. 熟悉财务管理综合实训平台初始设置。
2. 熟悉财务管理综合实训的目的和要求。
3. 了解模拟企业各部门、各角色的职能。

【技能目标】

1. 能组建创业团队,共同完成模拟企业的初始设置。
2. 能完成模拟企业中各部门、各角色的操作流程。
3. 了解企业简介、财税制度背景设计。

【素养目标】

(1) **培养创新创业精神**。习近平总书记鼓励广大青年"要敢于做先锋,而不做过客、当看客,让创新成为青春远航的动力,让创业成为青春搏击的能量",组建团队,模拟企业经营,实质上属于模拟创业活动,应引导学生在实践学习中树立敢于拼搏、勇于创新的创业精神。

(2) **培养团队协作意识**。以团队形式模拟企业经营,团队组建后积极开展企业文化建设,拓宽学生思维宽度和广度,提高创新能力,培养学生团队合作意识,增强团队凝聚力。

【引导案例】

飞行的大雁

雁群具有合作的本能,它们飞行时都呈 V 字形。大雁飞行时会定期变换领导者,头雁煽动翅膀时,身后会形成一个低气压区,帮助后面的大雁减少空气的阻力,从而节省体力。科学家发现,与单只大雁相比,一个由 25 只大雁组成的"V"字形编队可以多飞 71% 的距离。

合作可以产生一加一大于二的倍增效果。据统计,诺贝尔获奖项目中,合作获奖的占三分之二以上。在诺贝尔奖设立的前 25 年,合作奖占总奖项数的 41%,而现在则高达 80%。

启示:分工合作作为一种有效的企业工作方式被更多的管理者所提倡,分工合作有助于人们分解复杂、困难的事情,使其趋于简单化,做事的效率自然倍增。合作,是简单化、专业化、标准化的一个关键因素。企业分工正逐步向简单化、专业化、标准化发展,因此合作也成为了这个时代的主流工作方式。企业是一个由相互联系、相互制约的若干部分组成的整体,经过优化设计后,充分发挥合作的效能,企业整体的功能才能够大于部分之和,产生一加一大于二的效果。

🔍 小思考:
合作与竞争是人类经济活动的两种基本形式,在市场竞争中,我们应如何看待合作与竞争的关系?

任务一　实训形式设计

一、实训性质认知

(一)实训设计的综合性

本实训课程整合了企业运营、财务决策、财务共享服务中心、税收筹划等企业实际业务,借助财务管理综合实训平台,模拟企业生产经营的内外部环境状况,学生可以将所学的财务、税务、运营、管理、战略、营销等多学科知识综合运用到企业生产经营过程中。实训设计契合企业实际,且设计内容具有一定的综合性。

(二)实训内容的实用性

课程的实训内容:学生以小组为单位,模拟一家企业的经营管理过程,并以运营、出纳、会计、财务经理、财务总监五个决策对象为基础(五角色版本)或者以财务总监、运营管理、成本管理、资金管理四个决策对象(四角色版本)为基础🔍,团队协作,共同完成该企业三个月的生产经营活动。实训内容涉及企业内部研、产、供、销全环节业务,也关联企业外部市场开发、银行贷款、税务稽查等环境要求,业财融合,财务与企业运营管理融合,更贴近企业实际。

📖 特别提示:
本书以四角色版本为基础,把学生所学的会计、财务管理、税收、企业管理等多学科知识综合运用到模拟企业的运营中。

（三）实训结果的可检验性

本实训主要对学生所模拟企业的运营绩效和财务处理情况进行考查,前者以常用财务指标为基础衡量,后者按账务处理结果的正确性和纳税申报的准确性衡量,实训结果分运营成绩和稽查成绩。实训结束,系统自动生成运营成绩,并形成企业运营实训报告,以财务指标的变动为基础对运营企业的状况进行评价,并提供企业后续运营绩效提升思路。教师界面的后台,教师可根据学生账务处理情况和纳税申报情况,对照标准检查学生做账及纳税申报的准确性,形成稽查成绩,实训结果具有可检验性。

（四）实训指导方式的多样性

本书考虑到教学条件和学生个体之间的差异,对实训过程中的各个环节都做了周密考虑。在实战演练部分,教材以学生所模拟的各企业角色为主线,对操作方法和操作过程都进行了详细说明,书中的"提示"对主要的特殊业务做了特别提醒和标注,"操作视频"则有选择地对重要的业务处理做了动态展示,学生可根据自己的需要反复学习,直至理解掌握。

二、实训目的和要求

（一）实训目的

（1）本实训综合运用角色扮演法、导师指引,交流互动等方式,实现财务、税务、管理、运营等多学科知识的整合。

（2）实训中重视训练学生的战略管理、市场营销、生产运作、物流管理、财务管理等管理技能,激发学生的创新、实践热情。

（3）本实训以共享服务中心的应用为契机,运用管理会计技能手段真正实现企业的战略、业务、财务一体化。

（4）学生可体验制造业企业完整的产供销一体化流程,实现企业资金流、物流、信息流的协调管理。

（5）引导学生理解现金流的重要性,运用财务预算,合理控制成本,提高资金使用效率,并通过财务报告、财务分析解读企业经营成果,合理筹划经营布局。

（6）引导学生理解团队合作的重要性,树立大局意识、共赢理念。

（7）学生需要合理搜集、分析数据,体会数字化管理的重要性,培养学生的信息素养。

（二）实训要求

（1）每位学生都要参与所有的实训流程,并承担一个具体的工作岗位。

（2）实训前,学生需认真阅读实训手册,明确实训目的、内容和要求,以确保实训效果。

（3）在实训过程中,学生必须遵守实训纪律,保证按时出勤,及时完成实训内容。

超级链接:
具体考评标准见项目六财务管理综合实训评价任务一企业经营结果分析评价。

知识卡片:
共享服务中心:是企业集中式管理模式在财务管理中的最新应用,它利用流程再造和信息技术把零散的会计业务或者分布于不同地区的财务流程进行整合与统一,使用统一的标准进行财务管理,将财务风险降至最低。

知识卡片:
数字化管理:是指利用计算机、通信、网络等技术,通过统计技术量化管理对象与管理行为,实现研发、计划、组织、生产、协调、销售、服务、创新等职能的管理活动和方法。

（4）每位学生应做好实训总结，能够从财务指标层面分析企业的运营成果，提出提高企业经营绩效的思路和方法。

三、实训组织形式

（一）实训方式

适用时间：2~4周的财务管理综合实训课程。本书以2周的实训为例进行安排，各院校结合学生实训时间的安排，自行调整。

本实训分以下两个阶段：

1. 第一阶段：感性认识和理性设计阶段（一周）

（1）实训动员和规则介绍。该任务通过实训动员和规则介绍，使学生掌握财务管理综合实训平台系统操作流程和企业运营流程。

（2）实战探索。按照平台操作规则要求，参考教材文字和视频资源，学生以"单线单产"或"单线双产" 运营方案为基础，模拟企业三个月的生产运营活动。

（3）实战探索小结。学生初次模拟运营完成后，根据系统自动生成的运营绩效提升思路，总结运营过程中的主要问题及后续解决方案。同时，小组内部共同讨论，探讨下一步的实战方案。

2. 第二阶段：实战对抗阶段（一周）

（1）结合第一阶段实战小结的情况，制定公司运营方案，根据运营方案，制定公司财务预算。

（2）根据运营方案，团队协作模拟运营企业三个月，并高效完成财务核算及纳税申报。

（3）根据各小组实训结果，撰写模拟企业经营分析报告和个人实训总结。

（4）小组实训总结。由各模拟企业派代表做主题发言，总结模拟企业经营的成败得失，指导教师做必要的点评与指引，允许并鼓励学生发言，浅谈自身感受和体验。

（二）人员安排

（1）学生自由组队，每四名学生组一队，扮演总监、运营、资金和成本四个模拟角色。

（2）角色选择由各团队自行协商安排，实训期间可实行角色互换。

（3）实训期间，小组内部成员相互配合，由财务总监统一管理各成员情况。

任务二 实训企业设计

一、实训平台设计

财务管理综合实训平台通过人机对抗 的方式模拟企业运营

特别提示：

实训时间的安排依据模拟经营企业的时间跨度和模拟企业轮数进行。通常，模拟经营企业1—3月业务，实训方式选择集中式实训，可以安排2周的实训。模拟经营企业10—12月业务，模拟两至三轮企业业务，可考虑安排4周的实训。

特别理解：

单线单产：指运营方案设计中选择一条生产线，生产一种产品。

单线双产：指运营方案设计中选择一条生产线，生产两种产品。

特别理解：

财务管理综合实训平台中，可在同一实习批次下，设置多个实习小组，学生从实训平台中进行多个小组间的对抗，系统随机分配各组订单情况，各组经营三个月后，系统会通过综合成绩进行组间排名。

的内外部环境,融合企业运营、财务共享处理、税收稽查与自动稽查、所得税汇算清缴、全面预算等操作模块于一体。在财务管理综合实训系统中,学生通过模拟一家企业的经营管理者[分五角色(运营、出纳、会计、财务经理、财务总监)和四角色(财务总监、运营管理、成本管理、资金管理)版本],从企业管理者的角度,全面关注企业决策、财务管理、筹资投资、市场营销、全面预算、财务共享、报账审核等相关知识和实务技能。本书以四角色版本为基础,把学生所学的会计、财务管理、税收、企业管理等多学科知识综合运用到模拟企业的运营中,主要考核运营绩效和财税处理两部分,前者以常用财务指标的高低衡量,后者以财税处理结果的正确性衡量。

(一)平台功能设计

财务管理综合实训平台包括运营管理、会计核算、纳税申报、成绩稽查四个模块。由团队四人模拟经营一家公司3个月,对企业从创立融资、投产准备、材料采购、产品研发、销售发货到资金回笼、股票投资等一系列经营活动进行决策,实现账务处理的电子化,模拟仿真企业真实网上报税,包含:增值税申报、所得税申报(季度与年度)、其他税费申报(印花税、个税、城建税及教育费附加等),所有账务处理及纳税申报数据均由运营模块的经营业务结果产生。平台功能可以概述为以下四种:运营(预算、执行、分析)、电算化账务处理、纳税申报(10—12月业务包括所得税汇算清缴)、稽查(会计处理与纳税申报稽查)。

小思考:
增值税一般纳税人纳税申报的具体流程有哪些?

财务决策平台把运营和财务紧密结合,根据运营结果做账,系统自动生成单据,录入凭证的时候可以查看并选择所需单据。单据生成方式分为手工录入和自动生成两种,其评价体系可由教师根据需要自己增加、删除、修改。

1. 教师端功能设计

教师端功能主要包括班级管理、实习批次管理、成绩管理、稽查管理,具体功能如图1-1所示。

2. 学生端功能设计

(1)业务管理。业务管理包括预算、采购与生产管理以及销售、物资与人力资源管理,具体内容如图1-2和图1-3所示。

菜单项	功能介绍
班级管理	管理行政班级以及学生
实习批次管理	进行学生分批次分组动作,学生只有在分完组后才能登录系统
成绩管理	学生组成绩查看
稽查管理	将学生运营的企业分配给稽查人员,之后稽查人员才可以对这些企业进行稽查动作

图1-1 教师端功能

（2）信息管理。信息管理包括数据处理与数据查询，其中，数据处理的共享服务中心包括合同管理、会计核算、税务管理、原始单据查询等功能。信息管理具体内容如图 1-4 所示。

预算管理	采购管理	生产管理
预算管理	采购原材料	移入或移出生产线
预算分析	购买租赁房产	迁移生产线
	购买租赁生产线	生产产品
	购买其他资产	投入研发

图 1-2 预算、采购与生产管理

销售管理	物资管理	人力资源
查询产品信息	固定资产管理	我的员工
承接订单	固定资产交易记录	员工招聘
销售发货	库存实盘查询	员工入职
投放广告	原材料实盘查询	员工迁移
出售原材料	产成品变动记录	员工流动记录
交换原材料		

图 1-3 销售、物资与人力资源管理

数据处理	数据查询		
共享服务中心	**基本信息**	**业务信息**	**资产信息**
共享服务中心	企业基本资料	采购信息	房产信息
	财务信息	生产信息	车间信息
		销售信息	生产线信息
		原材料库存信息	生产状态
		产品库存信息	其他资产信息
		员工信息	
		或有事项及突发事件	

图 1-4 信息管理

（3）外部机构。外部结构主要包括银行、政府办事大厅、交易所、税务局、法院、稽查等机构，具体信息如图 1-5 和图 1-6 所示。

银行	政府办事大厅	交易所
现金管理	申请认证资格	金融资产交易
我要贷款		金融资产交易查询
银行对账单		

图 1-5 银行、政府、交易所

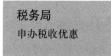

税务局	法院	稽查
申办税收优惠	申请破产 诉讼查询	稽查

图 1-6　税务、法院、稽查

（二）具体业务流程设计

1. 教师业务流程

（1）教师以系统管理员的身份登录,设置教师账号。

（2）用教师账号创建行政班级,导入学生学号、姓名等信息,创建学生账号。

（3）用教师账号创建实习批次,对批次进行初始化设置。

（4）用教师账号进行学生分组,进行成绩设定,开始实习批次。

（5）用教师账号查看"稽查",若学生要求重新开始业务操作,教师可初始化小组信息。

（6）用教师账号选择批次和时间,进行学生成绩管理。

教师业务流程如图 1-7 所示。

微课 1-1：

教师业务流程

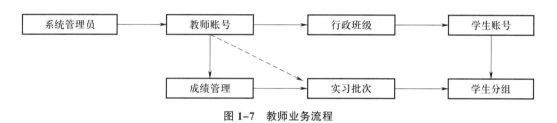

图 1-7　教师业务流程

2. 学生业务流程

学生业务流程如图 1-8 所示。

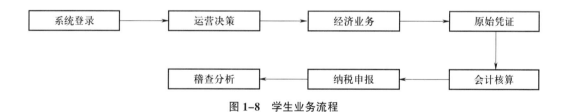

图 1-8　学生业务流程

系统登录:每四个学生一组,以各自账号和密码登录实训平台,分别担任运营、资金、成本和财务总监角色。

运营决策流程:运营管理或资金管理申请→财务总监审批→运营管理或资金管理执行。

经营付款流程:运营管理执行→成本管理审批→资金管理付款,如待审批的金额≥ 100 万元,还须经过财务总监审批。

生产经营流程:企业创建→筹资→固定资产投资→人员招聘→生产采购→产品生产、资产研发、股票投资→产品销售。

会计核算流程：经济业务发生→取得原始凭证进行发票管理（索取、认证、提交报账）→总账系统→记账凭证→成本核算→记账凭证→账簿→报表。

（1）发票管理。发票管理包括采购发票管理和销售发票管理，具体流程如图 1-9 所示。

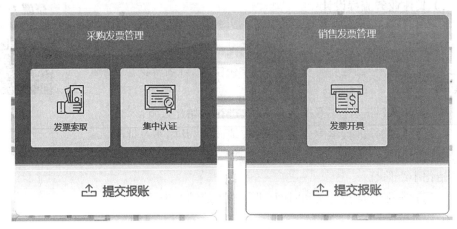

图 1-9 发票管理

（2）总账系统业务管理。总账系统业务管理包括凭证录入、凭证查询、凭证审核、凭证检查、凭证过账、期末结账以及结转损益等。总账系统业务管理具体信息如图 1-10 所示。

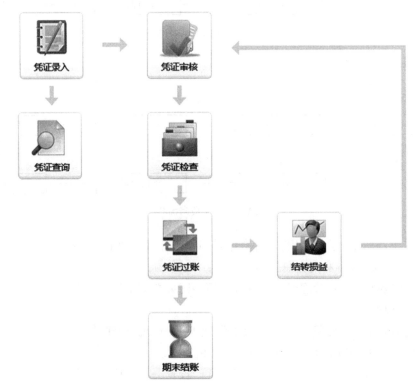

图 1-10 总账系统业务管理

1

（3）成本核算管理。成本核算通常在期末进行,成本核算管理具体信息如图 1-11 所示,主要包括工资薪酬费用分配表、制造费用分配表、产品成本分配表和固定资产明细表的编制业务。

图 1-11　成本核算管理

（4）账簿报表。会计核算通常于会计期末生成账簿报表,具体账簿报表内容如图 1-12 所示。

账簿报表

总账	未过账	已过账
明细账	未过账	已过账
数量金额明细账	未过账	已过账
多栏式明细账	未过账	已过账

○ 试算平衡表	○ 科目余额表
○ 资产负债表	○ 利润表
○ 财务指标	○ 杜邦分析图

图 1-12　账簿报表

（5）纳税申报。成本管理岗位于每期期初完成上期纳税申报业务。纳税申报界面如图 1-13 所示,成本管理进入税务管理界面后,填制相应纳税申报表,由财务总监进入申报管理界面,提交纳税申报业务。

（6）稽查分析流程。稽查分析主要包括预算分析、日常分析、经营业绩分析和企业稽查成绩分析 四个方面的内容。

特别理解:

企业稽查成绩包括财务数据处理情况分析和纳税申报缴纳情况分析。

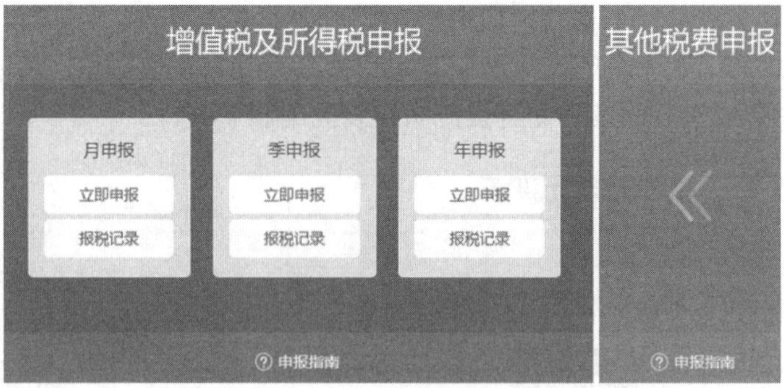

图 1-13 纳税申报

① 预算分析。预算分析主要包括财务预算表的编制和主要财务状况的分析。预算分析中,主要的财务预算表如表 1-1 所示,包括销售预算、生产预算、研发预算等共计 15 个方面的预算内容。主要财务状况分析如表 1-2 所示,是指根据业务资料,对企业的盈利能力、营运能力、偿债能力、成本和费用、结构、税金六个经营指标进行分析。

表 1-1 财务预算表

	财务预算内容				
1	销售预算	6	资产购置、租赁预算	11	税金及附加预算
2	生产预算	7	期间费用预算	12	现金预算
3	研发预算	8	制造费用预算	13	利润表预算
4	直接材料采购预算	9	生产成本预算	14	资产负债表预算
5	职工薪酬预算	10	存货预算	15	现金流预算

表 1-2 主要财务状况分析

主要财务状况分析	
一、盈利能力分析	**四、成本、费用分析**
销售收入、成本、毛利分析	产品生产成本对比分析
利润情况分析	销售费用分析
二、营运能力分析	管理费用分析
回款情况分析	**五、结构分析**
应收账款情况分析	资产结构情况
存货情况分析	资产来源结构情况
经营现金流量指标分析	**六、税金分析**

续表

主要财务状况分析	
三、偿债能力分析	税负率分析
应付账款情况分析	
流动比率	
速动比率	
流动负债保障率	

② 日常分析。日常分析主要是产品或材料的市场价格分析和企业资产分析,具体内容如图 1-14 和图 1-15 所示。

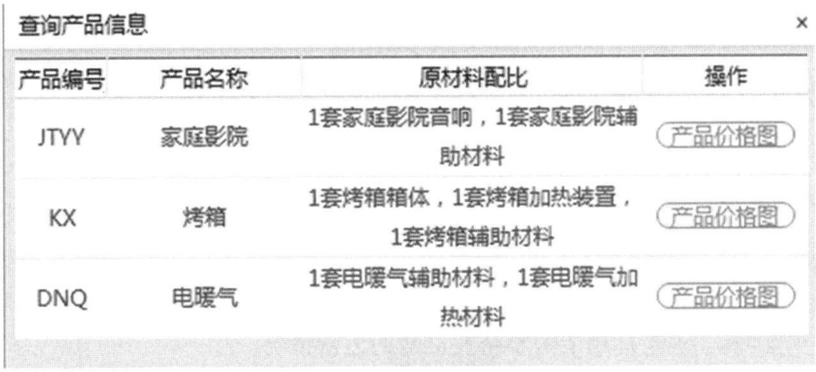

图 1-14 市场价格分析

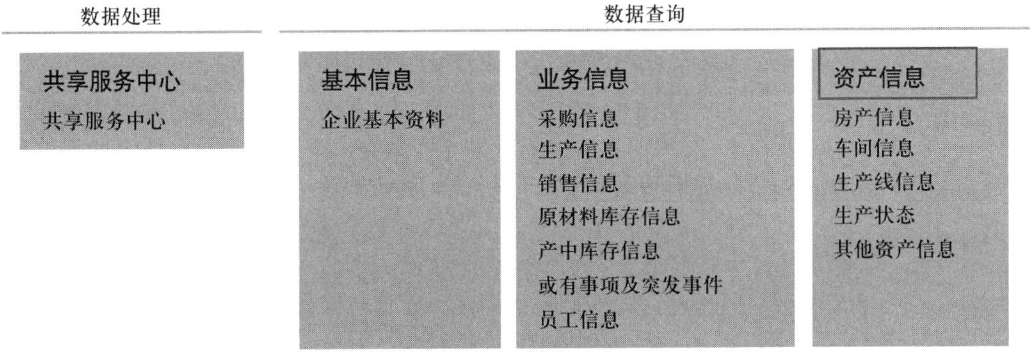

图 1-15 企业资产分析

③ 税务稽查。税务稽查在教师界面进行设计,可以设置成各组学生自行稽查,也可以设置成仅由教师稽查。税务稽查界面如图 1-16 所示。

④ 经营业绩和账务处理稽查分析。教师账号设置稽查人员,分配给小组或者学生,授权其登录教师账号进行经营业绩和账务处理稽查分析。

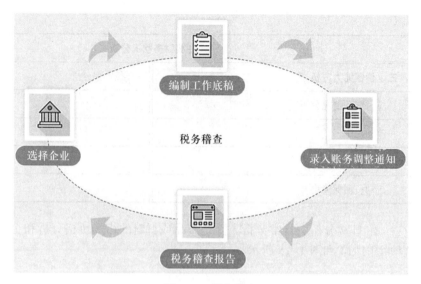

图 1-16 税务稽查

企业经营业绩评分指标有主要有以下几种：

销售净利率： 销售净利率 = 净利润 / 主营业务收入，该指标用于考察企业的盈利状况。

流动比率： 流动比率 = 流动资产 / 流动负债，该指标用于考察企业的偿债能力。

净现金流： 净现金流 = 银行存款期末余额 + 库存现金期末余额，该指标用于考察企业资金的运营情况。

总资产报酬率： 总资产报酬率 = 息税前利润 / 平均资产总额，该指标主要用于考核企业资产的获利能力。

总资产周转率： 总资产周转率 = 营业收入 / 平均总资产，该指标用于考察企业全部资产的经营质量和利用效率。

现金毛利率： 现金毛利率 = 经营活动净现金流量 / 经营活动现金流入量，该指标是在现金流量表的基础上考察企业的盈利质量水平。

存货周转率： 存货周转率 = 营业成本 / 平均存货，该指标用于考察企业存货周转速度。

评估收益： 企业净资产水平与该企业注册资本的比值，其中存货按市场价估算，具体计算过程为企业资产减去负债和所得税费用，再减去注册资本之后的值与注册资本的比值，该指标主要用于考核企业盈利能力。

企业信誉值： 该指标从企业运营界面取数，主要用于考核企业信用情况。

二、企业背景设计

模拟企业注册资本为人民币 500 万元整（伍佰万元整），经营范围为电子产品的生产与销售。公司本着诚信为本，顾客至上的销售理念,致力打造一个以家用电器为龙头,结合多种电子产品,兼营其他业务为一体的现代化企业。企业经营管理共四个岗位,分别是财务总监、运营管理、资金管理、成本管理,学生可以按照这四个岗位自由组建团队,进行企业经营管理。公司的基本组织结构如图1-17所示。

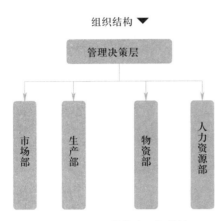

图1-17　公司的基本组织结构

(一) 企业岗位分工

岗位分为财务总监岗位、运营管理岗位、资金管理岗位、成本管理岗位,每个岗位由一名学生操作,四个岗位一组,共同模拟运营一家企业,成绩按照小组计算。四个岗位的设置符合企业需求,适应现代财务的转型与变化,重点考核学生的财务管理能力、决策能力、数据挖掘能力、数据分析能力等综合职业技能与职业素养。各岗位功能设置以职业需求为导向,与企业财务管理岗位高度匹配,帮助学生打通就业前的"最后一公里"。

在模拟企业经营过程中,不同岗位的主要工作内容及关系可以用图1-18所示。

1. 财务总监岗位

财务总监负责企业全面财务管理、预算编制、运营动作决策审批、电子报税审批等企业全盘财务运营的统筹;负责会计凭证审核、过账、结转损益、出具财务报表等电算化业务的处理。

2. 运营管理岗位

运营管理负责企业采购、生产、承接订单、人员招聘、研发投入、广告费投入等日常生产运营工作;负责业务数据收集与分析和日常业务职业判断。

3. 资金管理岗位

资金管理负责现金收付、银行存款收付银行内部转账等现金流管理负责短期贷款、股票业务等筹资投资业务;负责期末核算业务处理、月末成本账务处理以及非日常业务凭证录入。

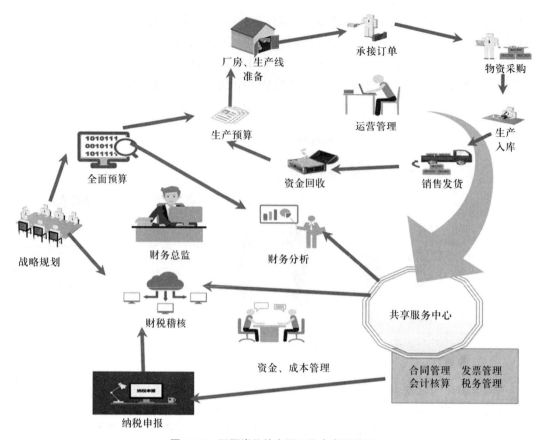

图1-18 不同岗位的主要工作内容及关系

4. 成本管理岗位

　　成本管理岗位主要负责企业发票管理、成本核算与管理、企业日常业务付款审批和企业涉税业务的处理。

　　财务管理综合实训平台模拟的不同岗位管理流程和付款流程分别如图1-19和图1-20所示。

图1-19 不同岗位管理流程图

图1-20　付款流程图

（二）角色权限设计

在财务管理综合实训平台内,各角色的主要操作权限如下所示。

1. 企业外部单位操作权限

（1）税务局:成本管理、财务总监。

（2）政府办事大厅:运营管理、财务总监。

（3）法院:财务总监。

（4）采购市场:运营管理。

（5）银行:资金管理、财务总监（贷款审批）、成本管理（查看现金流水）。

2. 企业内部单位操作权限

（1）财务共享服务中心。

① 合同管理:所有角色。

② 原始单据查询:所有角色。

③ 会计核算:运营管理（总账系统）、资金管理（总账系统）、成本管理（成本核算、凭证查询）、财务总监（总账系统）。

④ 发票管理:成本管理。

⑤ 报账审核:资金管理、运营管理。

⑥ 税务管理:成本管理（申报）、财务总监（审批）。

（2）人力资源。

① 我的员工:运营管理。

② 招聘员工:运营管理。

③ 员工流动记录:运营管理。

④ 员工入职:运营管理。

⑤ 办公场所内员工迁移:运营管理。

（3）销售管理。

① 产品信息查询:运营管理。

② 承接主营业务订单:运营管理。

③ 确认合同清单及发货:运营管理。

④ 投放广告费用:运营管理。

（4）物资管理。

① 固定资产管理:财务总监、成本管理、运营管理。

② 固定资产交易记录:财务总监、成本管理、运营管理。

（5）生产管理。

① 生产线安装或移出:运营管理、财务总监。

② 操作间内资产迁移:运营管理、财务总监。

③ 产品生产:运营管理、财务总监。

④ 产品研发:运营管理、财务总监。

⑤ 产品研发历史记录查询:运营管理、财务总监。

⑥ 生产查询:运营管理、财务总监。

3. 基本信息查询菜单

（1）企业基本信息:财务总监、资金管理、运营管理、成本管理。

（2）财务信息:资金管理、成本管理、财务总监。

（3）资产信息:运营管理、成本管理、财务总监。

（4）库存信息:运营管理、成本管理、财务总监。

（5）人力资源:运营管理、成本管理、财务总监。

（6）业务信息:运营管理、成本管理、财务总监。

三、企业财税制度设计

（一）企业财务制度设计

平台模拟的公司为制造业企业,具体的企业财务制度包括14条。

（1）公司采用实际成本法 计算材料成本。

（2）材料出库采用移动加权平均法 ,低值易耗品每月采购一次,一次性投入,直接计入当期制造费用。

（3）生产成本采用品种法 分配结转。

（4）生产材料在生产开始时一次性投料,完工产品与在产品所耗原材料费用是相等的,原材料费用按照完工产品和在产品数量分配,制造费用和工资薪金按照完工产品和在产品约当产量进行分配（即工资根据人工工时分配;制造费用根据机械工时分配;完工比例请至【运营界面】-【信息管理】-【资产信息】-【生产状态】处查询）。

（5）固定资产折旧方法采用直线法 ;产成品出库采用月末一次加权平均法 。

（6）股票买卖采用移动加权平均法结转股票成本。

（7）所得税每季度末一次性根据企业利润计提（无需进行纳税调整,纳税调整事项统一体现在所得税申报表上）。

（8）企业员工到岗后,次月起计薪,为了保证成本核算均衡,工资福利费等薪酬当月计提,次月支付。

知识卡片:

实际成本法:实际成本法是以中间产品生产时发生的生产成本作为其内部转移价格的方法。

知识卡片:

移动加权平均法:移动加权平均法是指以每次进货的成本加上原有库存存货的成本,除以每次进货数量加上原有库存存货的数量的合计数,据以计算加权平均单位成本,作为在下次进货前计算各次发出存货成本依据的一种方法。

知识卡片:

品种法:成本核算上要求按品种简单归集和分配成本,期末通常有在产品成本。

知识卡片:

直线法:直线法是将任何项目的成本或价值均等地摊销或分配到各个会计期间的方法。

计算公式:

月末一次加权平均法下产品单位成本=（月初在产品成本+本月生产成本）/（月初在产品约当产量+本月入库产量）

（9）月末无需计提本月利息费用,次月支付时直接计入当期费用。

（10）月末无需计提印花税,次月申报缴纳时直接计入对应科目即可。

（11）企业在每年第四季度会支付劳保费,主要是为生产车间工人提供防寒防冻的用品。

（12）坏账计提方式:企业在分期收款方式下销售商品,如果二期款在合同约定时间未收到,企业财务人员应将未收款项全额计提坏账准备。

（13）申报印花税时,货物运输合同以企业当期收到的货物运输发票的未税金额作为计税基础。

（14）系统涉及金额最终结果均保留2位小数(采用四舍五入)。

（二）企业税收制度设计

平台设定的企业类型为增值税一般纳税人,主要申报税种为:增值税及企业所得税申报、城建税、教育费附加、印花税、个人所得税、房产税、车船使用税等。根据国家税务总局最新税法政策规定,增值税一般纳税人适用增值税税率为13%,城市维护建设税税率为7%,教育费附加税率为3%。

超级链接:

关于增值税及企业所得税和印花税等的最新税收政策规定,详见教材附录。

【项目小结】

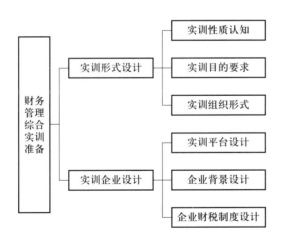

【拓展训练】

请登录财务管理综合实训平台,并以小组为单位,创建一家主营家庭影院、电暖气和烤箱的家电企业,组内成员分别是财务总监、运营管理、资金管理和成本管理四个岗位,熟悉各岗位平台界面,了解各岗位任务分工。

项目二　运营管理实训

【知识目标】

1. 掌握企业生产与运作活动内容。

2. 熟悉精益化和准时化生产方式。

3. 熟悉企业筹资和投资活动内容。

【技能目标】

1. 能完成模拟企业资产租赁或购置业务。

2. 能综合考虑产品生产需求,完成员工招聘与入职业务。

3. 能合理判断材料和产品价格趋势,完成材料采购和订单承接业务。

4. 能根据产品生产经营流程,完成产品生产与销售发货业务。

【素养目标】

(1) **树立合作共赢理念**。加强与客户和供应商的联系,与上下游企业一起合作共赢,引导学生在工作和生活中,不以自我为中心,增强学生协调沟通能力和社会责任感。

(2) **培养家国情怀**。在企业产品生产及研发的学习过程中,引导学生关注大国工匠精神,关注社会进步、科技发展,让学生感受到国家的成就,增强爱国情怀和民族自豪感,培养感恩情怀,把个人成长与国家、民族发展相联系,树立社会主义核心价值观。

(3) **树立诚信经营理念**。在学习承接销售订单时,引导学生综合考虑企业产品生产及库存情况,应及时发货,守护企业信誉,"诚招天下客,誉从信中来",只有诚信经营,企业才能立得住、行得稳。

【引导案例】

诚信——是经商之本

要想成为一个成功的商人,必须先做一个诚信的人。红顶商人胡雪岩、晋商乔致庸都认为,他们经商成功在很大程度上得益于"诚信"这一秘诀。

太平天国时期,一位军官在胡雪岩的钱庄处存了银子,这个军官存银子时既没要存折,又承诺不要利息。当他在打仗时身负重伤弥留之际,拜托一位老乡帮他到胡雪岩钱庄取回所存银两,带回四川老家还债。于是这位老乡到胡雪岩的钱庄处去取钱,可是他却没有任何的凭据。胡雪岩了解了真实情况后,不仅让其取出了本金,而且按照规定支付了利息。

胡雪岩诚信待客的消息不胫而走,来他钱庄存钱的人越来越多,他的生意自然也越做越好。可见诚信的力量是巨大的。

百年老字号同仁堂的店训就是:"炮制虽繁必不敢省人工,品味虽贵必不敢减物力。"这是中国商业诚信的典型代表。

启示: 当前社会上,某些商家存在违背诚实守信原则的行为,这些行为最终将难逃法律的制裁和追究。在企业的日常经营中,一定要秉承诚实守信的原则,坚持依法经营,诚信经营。

小思考:

除了诚信这一品质,请思考还有哪些原则是经商成功的关键?

任务一　运营管理理论认知

学生登录系统后,即代表开始运营教师所分配的实习企业。学生进行各种日常经济业务,目的就是将实习企业运营好。系统划分了财务总监、运营管理、资金管理和成本管理 4 个角色,财务决策平台立足于财务部门,除了财务部门的角色细分以外,企业中其他角色统称为运营角色。首次登录后系统会要求学生选择一个角色,这里选择运营管理角色。

微课 2-1:

生产与运作管理认知

特别理解:

生产与运作活动是"投入—变换—产出"的过程。

一、运营管理知识准备

(一)生产与运作管理认知

运营管理在操作过程中,需要特别关注的一个问题是生产运作管理,生产运作管理是指对生产与运作进行的计划、组织和控制活动。

生产运作活动 🔋 是将各生产要素投入生产过程中,最终产出产品或服务,实现要素价值增值的过程。其中,投入的生产要素主要包括厂房、设备、物料、人力、信息、研发、技术等资源,产出包括有形产品和无形产品两大类(本平台中仅考虑有形产品的产出)。中间的生产过程,即劳动过程、价值增值过程。生产与运作过程如图 2-1 所示。

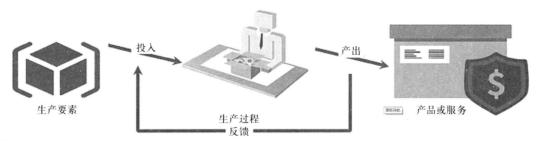

图 2-1 生产与运作过程

生产运作管理的主要任务是运用组织、计划、控制等职能,把投入生产过程的各种要素有效地结合成有机的体系,按照最经济的生产方式产出满足市场需要的产品。为实现这些任务,主要进行的工作内容有生产准备和组织、生产计划、生产控制、生产运作模式选择。生产运作管理的主要工作内容如图 2-2 所示。

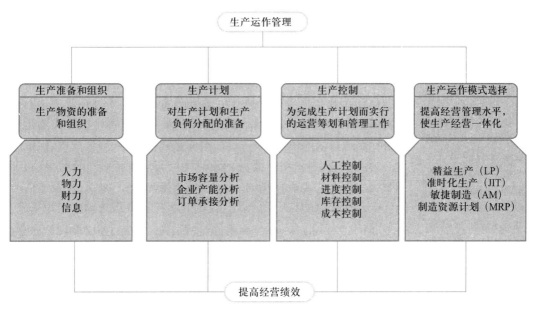

图 2-2 生产运作管理主要工作内容

(1)生产准备和组织,是生产物资的准备和组织工作。其主要包括人力、物力、财力、信息等要素的准备和组织。其中,人力主要是企业生产、管理、研发人员的招聘和组织;物力主要是厂房、办公用房和机器设备的购买或租赁和原材料的采购安排等;财力主要是企业为维持日常生产运营需要的资金筹措安排和准备;信息主要是对产品生产加工过程的内部控制。

(2)生产计划,主要是对有关产品的生产计划和各生产线负荷分配的准备。此时,需要了解产品的市场容量,即市场销售数量预测。同时,对企业产能进行分析,在保证最大产能的情况下,分析如何合理安排各批量产品的生产周期,以满足订单承接需要。

小思考:

生产准备和组织的主要内容包括哪些?

（3）生产控制，即为完成生产计划而实行的运营筹划和管理工作。其主要包括产品生产过程中生产工人数量的控制、投产材料的控制、生产进度的控制（结合订单到期日，考虑选择小批量多次投产还是大批量少次投产）、产品和材料的期末库存控制以及产品的成本控制。

（4）生产运作模式的选择，是指为适应企业国际化和激烈的市场竞争形势，提高企业经营管理水平，使生产经营一体化，而考虑选用的先进生产运作模式。现在，比较流行的企业先进生产运作模式有精益生产、准时化生产、敏捷制造、制造资源计划等。其中，在实训平台中，运营管理应该尤其关注对精益生产、准时化生产模式的有效运用。

（二）精益生产与准时化生产方式

1. 精益生产

（1）精益生产的概念。

精益生产（lean production，LP）是指以实现企业经济效益最大化为目标，及时制造，消除原材料采购、储存、生产等环节的一切浪费。

精益生产的基本要素是供应链管理、一体化的产品与工艺设计、标准化作业和全员生产维护。精益生产的主体是通过企业文化而融合在一起的一批灵活、熟练、有积极性的员工。精益生产方式要达到的目标是通过消除浪费、缩短生产时间来提高质量、降低成本、保证交货。为实现这个目标，需要做到及时生产与质量控制。及时生产，即准时化生产。它是以市场需求为标准，按以销定产原则，在合适的时间生产合适数量的高质量产品。准时化生产需要以拉动生产为基础，以平准化（leveling system）为条件。所谓拉动生产，是以看板管理为手段，采用"取料制"，即后道工序根据市场需要进行生产，本工序在制品短缺的量等于前道工序取得的在制品量，从而形成全过程的拉动控制系统。平准化是指工件被拉动到生产系统之前要按照加工时间、数量、品种人为地进行合理搭配和排序，使拉动到生产系统中的工件流具有加工工时上的平稳性，保证均衡生产，同时满足市场对多品种、小批量产品的需求。人员自主化是人员与机械设备的有机配合行为。生产线上机械设备发生质量、数量、品种等方面的问题时，会自动停机，并有信号显示，而任何人发现故障问题都有权立即停止生产，主动排除障碍，解决问题，将质量管理融入生产过程，使其成为每一个员工的自主行为。

（2）精益生产的实施。

精益生产的实施步骤主要有以下五步。

① 选择要改进的关键流程，力争把它建立成一条样板线。

② 画出价值流程图。在价值流程图中，方框代表各生产工艺，三角框代表各个工艺之间的在制品库存，各种图标表示不同的物流和信

息流,连接信息系统和生产工艺之间的折线表示信息系统正在为该生产工艺进行排序等。在绘制完目前状态的价值流程图后,可以描绘出一个精益远景图。

③ 开展持续改进研讨会,精益远景图必须付诸实施。实施计划中包括计划内容、什么时候实施和谁来负责,并且在实施过程中设立评审节点。这样,全体员工都能参与到全员生产性维护系统中。

④ 营造企业文化。虽然在车间现场发生的显著改进,能引发随后一系列企业文化变革,但项目成功的关键还是公司领导要身体力行地把生产方式的改善和企业文化的演变结合起来。传统企业向精益化生产方向转变,不是单纯地采用相应的"看板"工具及先进的生产管理技术就可以完成的,而是必须使全体员工的理念发生改变。

⑤ 推广到整个公司。精益生产利用各种工业工程技术来减少浪费,着眼于整个生产流程,而不仅是个别工序。所以,样板线的成功要推广到整个公司,缩短操作工序,促进推动式生产系统被以顾客为导向的拉动式生产系统所替代。

2. 准时化生产

（1）准时化生产方式的基本概念。

准时化生产 （just in time, JIT）,起源于日本的丰田汽车公司,是一种有效地利用各种资源,降低成本的准则,其实质是保持物质流和信息流在生产中的同步,实现以恰当数量的物料,在恰当的时间进行生产,并产出恰当质量的产品的生产方式。这种方法可以减少库存、缩短工时、降低成本、提高生产效率。

（2）准时化生产方式的特征。

① 追求零库存。企业争取利润最大化的主要手段之一是降低成本。库存是一种隐性的成本,降低库存成本是降低企业成本的一种有效途径。随着后工业化时代的来临,主流的生产模式开始出现多品种、小批量的情况,根据市场和顾客的要求进行生产,是消除库存的最佳方法。因此,准时化生产方式力图通过"零库存"来增加企业利润,换句话说,准时化生产方式认为只有在必要的时候,按必要的数量生产必要的产品,才能避免库存造成的资源浪费,使企业的利润最大化。

② 强调持续地强化。准时化生产强调在现有经营管理基础上,不断进行质量改进工作,逐步实现不良品为零、库存为零、浪费为零的目标。尽管绝对的零库存、零浪费是不能达到的,准时化生产目标的实现不是一朝一夕的,但就是要在这种持续改进中逐步趋近这一目标。

（3）准时化生产方式的实施方法。

① 适时适量生产。对于企业来说,各种产品的产量必须能够灵活地适应市场需求量的变化。否则,生产过剩会引起人员、设备、库存费用等一系列的浪费。而避免这些浪费的手段,就是实施适时适量生

产,针对市场需求生产适销对路的产品。适时适量生产的方法主要有两种:生产同步化和生产均衡化。生产同步化,即工序间不设置仓库,前一工序加工结束后,半成品立即转到下一工序去,装配线与机械加工几乎并行。生产同步化主要通过"后工序领取"方法实现,即后工序只在需要时才到前工序领取所需的加工品,前工序中按照被领取的量和品种进行生产。生产均衡化是指总装配线在向前工序领取零部件时应均衡地使用各种零部件生产各种产品。为此在制定生产计划时就必须全面考虑,然后将其体现在产品生产顺序计划之中。

② 弹性配置作业人数。在劳动力成本越来越高的今天,降低劳动力成本是降低成本的一个重要方面。达到这一目的的方法是"少人化"。所谓"少人化",是根据生产量的变动,弹性地增减各生产线的作业人数,以及尽量用较少的人力完成更多的生产活动。这一方法的关键在于,当生产线上的生产量减少时,同时也要把作业人员的人数进行相应的削减。这种"少人化"技术和传统生产系统中的"定员制" 不同,它是一种全新的人员配置方法。实现这种"少人化"的具体方法是对设备进行特别的布置,以便当需求、作业减少时,人数更少的操作人员可以完成任务。从作业人员的角度看,就意味着标准作业中的作业内容、范围、组合以及顺序等的一系列变更。因此,为了适应这种变化,作业人员必须是具有多种技能的"多面手",才能弹性地适应不同的工作岗位。

③ 质量保证方法。多数人认为,质量与成本之间是一种负相关关系,即要提高质量,就得花人力、物力来加以保证。例如企业为了保证质量而增设质量检验人员。但在准时化生产方式中,却不是通过检验来保证质量,而是通过将质量管理贯穿于每一工序之中来实现提高质量与降低成本的一致性,其具体方法就是"自动化"。这里所讲的"自动化",是指融入生产组织中的两种机制:第一,使设备或生产线能够自动检测不良产品,一旦发现异常或不良产品,可以自动停止设备运行,为此企业在设备上开发、安装了各种自动停止装置和加工状态检测装置;第二,生产一线的设备操作工人一旦发现产品或设备的问题,有权自行停止生产的管理机制。依靠这样的机制,一旦不良产品出现,马上就会被发现,防止了废品的重复出现或累积出现,从而避免了可能造成的大量浪费。同时,一旦发生异常,生产线或设备就立即停止运行,这样比较容易找到发生异常的原因,从而能够有针对性地采取措施,防止类似异常情况的再发生和类似瑕疵产品的再次产生。

(三)企业筹资管理

筹资是指企业为满足生产经营资金的需要,向企业外部单位或个人以及企业内部筹措资金的一种财务活动。资金是企业的"血液",是企业生存和发展所不可缺少的资源。企业没有资金,就无法进行生产经营活动,有了资金如果使用不当,也会影响生产经营活动的正常进行。

知识卡片:
定员制:是指根据企业既定的产品方向和生产规模,在一定时期内和一定的技术、组织条件下,规定企业应配备的各类人员的数量标准。

微课2-3:
企业筹资管理

1. 企业筹资渠道

筹资渠道 📖 是指筹资来源的方向与通道,体现资金来源与供应量。我国企业目前筹资渠道主要有:国家财政资金、银行信贷资金、非银行金融机构资金、其他企业资金、居民个人资金、企业自留资金等。

2. 筹资方式 ✍

筹资方式是指企业筹措资金采取的具体方法和手段。目前我国企业的筹资方式主要有:吸收直接投资、发行股票、利用留存收益、向银行借款、发行公司债券、利用商业信用、融资租赁等。

筹资渠道说明了企业资金的来源,而筹资方式则给出了取得资金的具体方法,二者之间存在一定的对应关系。一定的筹资方式可能只适用于某一特定的筹资渠道,但是同一渠道的资金往往可采用不同的方式取得,如银行借款只能从银行信贷获得,而其他企业资金可以采用吸收直接投资、发行股票、发行公司债券、利用商业信用、融资租赁等筹资方式取得。

3. 企业筹资的分类

(1)按资金来源范围不同,分为内部筹资和外部筹资。内部筹资是指企业在内部通过留用利润而形成的资本来源,内部筹资数额的大小取决于企业可分配利润的多少和利润分配政策。外部筹资是企业向外部筹集资金而形成的资金来源。处于初创期的企业,内部资金往往有限;处于成长期的企业,内部筹资很难满足需要,因此需要开展外部筹资,如发行股票、债券、利用商业信用、银行借款等。

(2)按资金使用期限不同,分为短期筹资和长期筹资 ✍。短期筹资是指企业筹集使用期限在1年以内的资金。短期筹资经常利用商业信用、短期借款等方式来获取,资金主要用于流动资产和资金日常周转。长期筹资是指企业筹集使用期限在1年以上的资金。长期筹资通常采用吸收直接投资、发行股票、发行公司债券、长期借款、融资租赁等方式获取,所筹集的资金主要用于购建固定资产、形成无形资产、对外长期投资、产品技术与研发等。

(3)按资金权益特性不同,分为股权筹资、债务筹资和混合筹资 ✍。股权资本,是股东投入的、企业依法长期拥有、能够自主调配运用的资本。股权资本在企业持续经营期间内,投资者不得抽回,因而也称为企业的自有资本、主权资本或权益资本。企业的股权资本通过吸收直接投资、发行股票、内部积累等方式取得。债务筹资,是企业按合同向债权人取得的,在规定期限内需要清偿的债务。企业通过债权筹资形成债务资金,债务资金通过向金融机构借款、发行债券、融资租赁等方式取得。混合筹资,兼具股权与债权筹资性质。我国上市公司目前最常见的混合筹资方式是发行可转换债券和发行认股权证。

(4)按是否借助于金融机构为媒介,分为直接筹资和间接筹资。

特别理解:

筹资渠道解决的是资金来源问题,筹资方式则解决通过何种方式取得资金的问题,它们之间存在一定的对应关系。

小思考:

不用筹资方式的优缺点是什么?

小思考:

短期筹资和长期筹资各有什么优缺点?合理的短期筹资和长期筹资应是怎样的?

小思考:

按资金权益特性不同,企业发行股票属于哪种筹资方式?

直接筹资,是指不需要通过金融机构来筹措资金,企业直接从社会取得资金的方式。直接筹资方式主要有发行股票、发行债券、吸收直接投资等。间接筹资,是指企业借助于银行和非银行金融机构筹集资金。间接筹资的基本方式是银行借款,此外还有融资租赁等方式。

（四）企业投资管理

投资,是指特定经济主体(包括国家、企业和个人)为了在未来获得收益或使资金增值,在一定时期向某一领域投入一定数量的资金以获得经济利益的行为。本节所指的投资指的是企业投资。投资的具体分类有如下四种。

（1）按照投资行为的介入程度,分为直接投资和间接投资 。直接投资是指不借助金融工具,由投资人直接将资金转移交付给被投资对象使用的投资,包括企业内部直接投资和对外直接投资。前者形成企业内部直接用于生产经营的各项资产,如各种货币资金、实物资产、无形资产等,后者形成企业持有的各种权益性资产,如持有子公司或联营公司股份等。间接投资是指通过购买被投资对象发行的金融工具而将资金间接转移交付给被投资对象使用的投资,如企业购买特定对象发行的股票、债券、基金等。

（2）按照投入的领域不同,分为生产性投资和非生产性投资。生产性投资是指将资金投入生产、建设等物质生产领域中,并能够形成生产能力或可以产出生产资料的一种投资。这种投资的最终成果将形成各种生产性资产,包括形成固定资产的投资、无形资产的投资、其他资产的投资和流动资金投资。其中,前三项属于垫支资本投资 ,后者属于周转资本投资 。非生产性投资是指将资金投入非物质生产领域中,不能形成生产能力,但能形成社会消费或服务能力,满足人民的物质文化生活需要的一种投资。这种投资的最终成果是形成各种非生产性资产。

（3）按照投资的方向不同,分为对内投资和对外投资。从企业的角度看,对内投资就是项目投资,是指企业将资金投放于为取得供本企业生产经营使用的固定资产、无形资产、其他资产和垫支流动资金而形成的一种投资。对外投资是指企业为购买国家和其他企业发行的有价证券或其他金融产品(包括期货与期权、信托、保险等),或以货币资金、实物资产、无形资产的形式向其他企业(如联营企业、子公司等)注入资金而发生的投资。

（4）按照投资的内容不同,分为固定资产投资、无形资产投资、流动资金投资、房地产投资、有价证券投资、期货与期权投资、信托投资和保险投资等多种形式。

二、运营管理岗位要求

运营管理主要负责企业采购、生产、销售(承接订单)、人员招聘、

微课2-4:
企业投资管理

特别理解:
企业项目投资属于直接投资,证券投资属于间接投资。

特别理解:
垫支资本投资:生产性投资领域中的垫支资本投资是指企业用于购买生产用厂房、设备、产品研发等支出而投入的资金。

特别理解:
周转资本投资:生产性投资领域中的周转资本投资是指企业用于支付日常材料成本、人工费、水电费等日常生产性支出而投入的资金。

产品研发、广告投放等日常经营相关的事项;负责为财务总监提供决策的关键点及财务数据。运营管理的主要工作要求有如下几点:

（1）具备一定的市场敏锐度,能够根据市场变化作出快速反映,做好广告费、订单处理,对合同、发票以及现金折扣能够进行分析管理。

（2）具备一定的协调组织领导能力,能够配合财务总监做好团队管理。

（3）具备一定的会计、统计核算能力,能够以产定需,做好库存管理。

（4）具备一定的财务管理能力,能够实时查看财务数据,生成较高的运营业绩指标成绩。

（5）具备预算、决策能力,能够提出方案、确定方案。

（6）具备一定的计算机操作水平,能够上机完成岗位任务。

（7）具备团队合作精神,平时能够积极配合团队完成操作,对于其他岗位的复杂工作,特别是月末会计、税务核算,能够积极主动协助团队完成。

任务二 运营管理任务实操

一、登录运营管理岗位

1. 平台登录

检查网络连接,在客户端点击校内访问网址,如图 2-3 所示,打开登录网址。

网中网财务决策平台v4.1.0 访问网址: http://10.50.19.11:8091/nin_evc_sandtable 进入系统

图 2-3 实训教学平台登录

2. 角色选择

教师给定账号和密码,登录如图 2-4 所示的教学平台,选择图 2-5 所示的岗位角色。

3. 登录界面介绍

（1）角色信息。运营管理角色信息如图 2-6 所示,左侧为企业名称、角色头像和相应的角色名称,此处可点击"角色名称"进行角色切换。

图 2-4　学生登录界面

切换角色

图 2-5　岗位角色选择

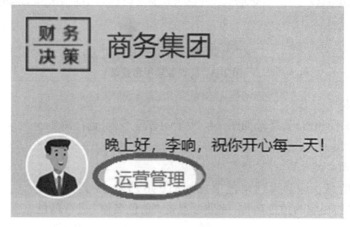

图 2-6　角色信息

（2）系统当前日期查看。系统当前日期查看页面如图 2-7 所示，当天事情处理完毕可以点击"下班"，财务总监最后下班，选择进入下一天。

图 2-7　系统当前日期

（3）成员信息。点击图 2-7 所示的"组成员"，可以查看所有成员信息，如图 2-8 所示，如果某一成员已下班，但还有事项未完成，其他成员可以通过该界面将其召回加班。

图 2-8　成员信息

（4）待办事项、审批单查看。待办事项为企业经营过程中待办理的事项，当待办事项出现红色背景的"今日任务"字样时，表示必须当日处理完毕，如图 2-9 所示，否则无法进入下一天。

二、房屋租赁或购置

（一）租赁或购置办公用房

　　房产市场提供厂房、办公用房等多种房产。房价、租金随市场变化，租赁一般租期为一年。租金采用预付的方式，第一期支付四个月租金，最后一期支付两个月租金，按季结算。购买房产可一次性付清，也可采用按揭贷款方式，首付价格为房产总价的 30%，具体内容可查看按揭贷款合同。购买房产时，请注意填写折旧月数、净残值比率。购买或租赁房产时，请注意与选择的生产线占用面积相匹配 🏄

微课 2-5：
购买或租赁办公用房

特别提示：
　　生产人员和生产线管理人员不占用面积。销售人员、管理人员和研发人员需占用办公用房面积，每人占用 3 平方米。

待办事项(7)　　　审批单

今日任务
2021-01-02
电视机生产线B型[生产线固定资产(租赁)]到货确认.

今日任务
2021-01-02
抽油烟机生产线B型[生产线固定资产(租赁)]到货确认.

今日任务
2021-01-02
微波炉生产线B型[生产线固定资产(租赁)]到货确认.

今日任务
2021-01-02
厂房A[房产固定资产(租赁)]已交付,可以使用.

图 2-9　待办事项及审批单窗口

1. 任务列表提示租赁或购置办公用房业务

在系统初始化的第一天,运营管理的任务列表界面会出现如图 2-10 所示的租赁或购置办公用房的任务提示。

近期应付	已办事项	系统消息列表	任务列表

1. 请到业务管理-采购管理租赁或购置办公用房

说明:企业需要租赁或购置办公用房。 (以款项付清视为任务完成)

图 2-10　租赁或购置办公用房任务提示

2. 租赁或购买办公用房界面查看

在图 2-11 界面下,选择"业务管理",点击"采购管理",查找租赁或购买办公用房信息 。

3. 选择租赁或购买办公用房

根据租赁的生产线占地面积选择厂房,根据企业运营计划,在如图 2-12 所示的界面,确定办公用房类型,选择租赁或购买办公用房。

特别提示:
　运营管理需综合考虑企业资金和运营计划,选择"购买"或者"租赁"房产。

2

图 2-11　租赁或购买办公用房

购买租赁房产

| 请选择房产类型　∨ | 请输入关键字 | 🔍 查询 |

办公用房A

房产（办公场所）| 50.00㎡
供应商：北京景深房地产有限公司

价格 1000000.00元
一次性付款 或 按揭贷款
租金 8333元/月

购买
租赁

图 2-12　租赁或购买办公用房

4. 进行决策

　　点击"购买"或"租赁"，如果选择租赁房产，填写如图 2-13 所示的租赁单。如果选择购买房产，折旧信息填写 240 个月，净残值填写 0，并且选择一次性付款 🤔。

小思考：

如果选择购买房产，应如何填写决策单？

提示：

　　① 1 月 1 日租赁办公用房，1 月 2 日允许使用，1 月 2 日即可进行员工入职。

　　② 若移入办公用房的员工总数超过房屋面积，则不能完成入职。

　　③ 若购买办公用房，折旧年限为 20 年（240 个月）。

　　④ 财务总监通过之后，在审批单中点击执行，即可完成租赁或购置办公用房业务。

	① 填写租赁单
资产名称:	办公用房A
供应商:	北京景深房地产有限公司
类别用途:	办公场所
付款方式:	一次性付款
租赁数量:	1
首付金额:	33332

图 2-13　填写租赁单

微课 2-6:

购买或租赁生产线

（二）购买或租赁生产线

市场提供多种生产线,既可以购买,也可以租赁。购买生产线时需注意以下几点:① 折旧月份、净残值率需要手动填写且不能为空;② 产能和单位产品耗用工时;③ 占用面积和所使用的厂房的配比;④ 废品率。租赁生产线时需注意:租金为预付方式,第一次支付四个月租金,最后一期支付两个月租金,按季结算支付。交易完成后,成本管理角色可以到"财务共享服务中心－发票管理"处索取发票。其他需注意的是:购买电脑设备、租赁生产线的发票在索取发票界面可能显示灰色而无法索取,原因是系统很多发票是随货到,无需进行发票索取,只需确认是否可以点击查看即可,只有采购原材料的发票需要进行索取。

1. 小组讨论选择生产线

在进行生产线选择时需注意,生产线价值一般比较大,而经营期限只有三个月,所以筹资金额不高,因此一般选择租赁生产线,保证企业有足够资金实现多线生产。每条生产线的产能和人员配置通常在"采购市场－购买租赁生产线"界面查看,运营管理和财务总监均有权限查看。它们之间的关系可用以下等式表示:

小思考:

产品的生产周期主要与哪些因素有关?

按照最大产能生产一批产品耗用工时 = 产能 × 单位耗时 / 人数上限

厂房、生产线、原材料、生产人员、生产线管理人员配备齐全后,即可投入生产。生产耗用实际工时与标准工时可用以下等式表示:

生产耗用实际工时 = 生产耗用标准工时 / 实际生产人员数量

生产耗用标准工时 = 生产数量 × 单位耗时

单位耗时可由运营管理或财务总监角色在平台的"采购市场 – 购买租赁生产线"中查看,单位耗时是指每个生产人员生产单件产品所需耗用的天数;实际生产人员数量是指企业实际投入到一条生产线上进行生产的人员数量;生产线信息中的人数上限是指一条生产线最多可容纳的生产人员数量,但企业投入生产的实际生产人员数量可以低于人数上限。

> **提示:**
> 购买的材料五天之内到货,具体到货时间是随机的,最好是要在材料用完 5 天之前适量采购(即使价格相对较高),否则可能因缺少原材料而停产,企业应尽可能全负荷生产。

购买或租赁生产线具体操作界面如图 2–14 所示。

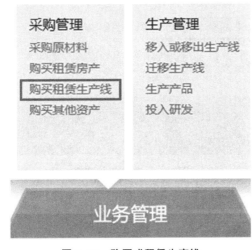

图 2–14 购买或租赁生产线

2. 完成购买或租赁生产线业务

根据事先确定的方案,选择生产线,租赁生产线页面如图 2–15 所示,点击【租赁】→【下一步】→【提交】。先根据产品类型选择,初次练习可以选择一种产品生产;熟练度较高的,可以选择两种或三种产品,提高经营业绩。

 小思考:
在选择每种产品生产线时,应该综合考虑哪些因素?

微波炉生产线A型	400.00㎡ | 产能: 600
生产产品:微波炉 供应商:北京远大机械制造有限公司	人数上限: 180 | 安装: 10天 单位耗时: 0.90 | 废品率:0.50%

图 2–15 租赁生产线

微课 2-7:
购买其他固定资产

（三）购买其他资产

本平台中企业可以根据需要购买生产线、房产和其他资产，购置生产线和其他资产必须一次性付款，购置房产可以选择一次性付款或者按揭贷款。企业需要为管理人员和销售人员配置笔记本电脑，数量为一人一台。打印机和复印机都必须各购买一台，笔记本电脑、打印机和复印机需要在初始月份的十日内购买。

"运营管理"界面可以在采购市场中购买或租赁房产、生产线和其他资产。点击【业务管理】→【采购管理】→【购买其他资产】，如图 2-16 所示，也可在任务列表中选择任务后再进行购买或租赁行为。

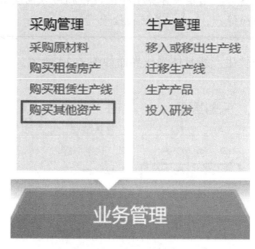

图 2-16　购买其他资产

购买的其他资产包括复印机 1 台、打印机 1 台和笔记本电脑 15 台，其他资产的查询和购买单据填写界面如图 2-17 和图 2-18 所示。

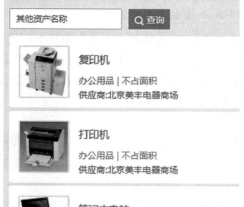

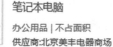

图 2-17　购买的其他资产查询

资产名称	复印机	税种税率	增值税(一般纳税人):13.00%
固定资产类型	办公用品	资产价格	5076.00
供应商	北京美丰电器商场	*购买数量	1
税款	659.88	*净残值率	0
合计(含税)金额	5735.88	*折旧月份	36
付款方式	一次性付款	金额	5735.88

提交　　取消

图 2-18　填写购买单据

三、员工招聘与入职

（一）根据人力资源规则,确定所需要的人员类型和数量

（1）员工工资为"固定工资＋绩效工资"（只有销售人员根据收入计算绩效工资）,员工在同一个月中无论几号入职都要支付全月工资薪酬。员工的工资薪酬由工资、福利费、工会经费、社保费用、职工教育经费构成。具体的工资金额,每套企业的数据可能会有差异。

（2）生产每种产品需要生产线管理人员 5 人,每人每月工资 4 000元,系统自行配置,无需招聘。

（3）生产人员每人每月工资 3 000 元,研发人员每人每月工资 5 000元,需自行招聘。

（4）销售人员 10 人,每人每月 2 000 元（底薪）+销售提成（根据销售收入确定）,管理人员 5 人,每人每月 4 000 元,系统自行配置,无需招聘。

（5）生产人员和生产线管理人员不占用面积。销售人员、管理人员和研发人员需占用办公用房面积。

（6）公司招聘的生产人员和研发人员总人数的上限是 600 人,管理人员和销售人员需要手动办理入职,生产人员自动办理入职。

（7）生产人员、研发人员在一定条件下可以解雇。当生产人员在生产过程完成后、研发人员在跨越研发等级后,并处于"闲置"状态下时,可以解雇,解雇需额外支付一个月工资作为补偿 。

微课 2-8:
员工招聘与入职

小思考:
为什么解雇员工需要多支付一个月工资作为补偿?

（二）查看招聘信息

学生进入"业务管理 – 人力资源",点击"员工招聘",可以看到员工招聘的类型及待遇。具体查询界面如图 2–19 和图 2–20 所示。

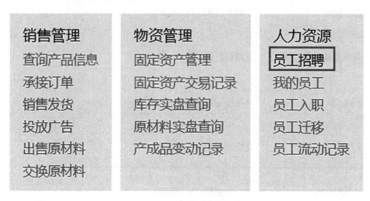

图 2–19　查询招聘信息

序号	员工部门	员工类型	工资	当前人数	操作
1	生产部	生产人员	3000.00		招聘
2	研发部	研发人员	5000.00		招聘

员工招聘

图 2–20　员工招聘

小思考:

如何确定生产人员招聘数量?

（三）招聘决策填写

在"员工招聘"界面,选择"招聘",出现如图 2–21 所示的界面,填写招聘人数,点击"确认招聘",即完成招聘业务。

图 2–21　招聘决策填写

（四）员工入职

点击【业务管理】→【人力资源】→【员工入职】，出现如图 2-22 所示的界面，以销售人员和管理人员的入职为例，输入"移入人数"，选择所要移入的办公用房。点击"移入"，完成员工入职。生产人员会自动入职。

员工入职

未入职的员工

☑	员工类型	人数	面积	移入人数
☑	销售人员	10	30.0	10
☑	管理人员	5	15.0	5

图 2-22　员工移入

四、材料采购与订单承接

（一）材料采购

运营管理在查看完如图 2-23 所示的原材料信息后，根据运营规划，选择购买某一种材料。点击"购买"后，出现该业务的决策表单，运营管理应根据自己的运营决策新增决策选项，填写决策理由后提交至财务总监界面，之后会收到系统消息提示审批决策单。财务总监进入"审批单"界面进行审批。审批通过后，运营管理界面显示系统消息，提示运营管理执行该决策。决策执行完毕后，成本管理在"待办事项"中审批是否付款，成本管理审批通过后，资金管理负责付款业务。

运营管理界面的具体采购过程有如下四步。

1. 查找采购原材料界面

点击"快速开始"栏目中的【快速开始】→【采购原材料】，填写购买数量；或者也可以点击【业务管理】→【采购管理】→【采购原材料】进行操作，具体操作如图 2-24 和图 2-25 所示。

2. 购买原材料

购买原材料界面如图 2-26 所示，每种材料会出现多个可供选择的供应商，运营管理需要综合考虑价格、供应商类型和固定运费等信息后，再选择材料供应商。

微课 2-9：
材料采购

特别提示：
运营管理在购买材料过程中，可以通过比较各供应商的采购成本高低，选择合适的供应商购买原材料。

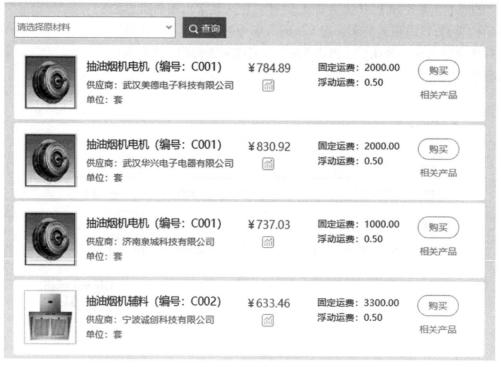

图 2-23 原材料信息

图 2-24 快速开始 – 采购原材料

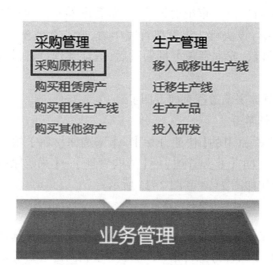

图 2-25 业务管理 – 采购原材料

￥830.92　固定运费：2000.00　购买
　　　　　浮动运费：0.50　相关产品

￥737.03　固定运费：1000.00　购买
　　　　　浮动运费：0.50　相关产品

￥784.89　固定运费：2000.00　购买
　　　　　浮动运费：0.50　相关产品

图 2-26　购买原材料

3. 关联产品及配比

在材料采购过程中，运营管理必须时刻关注每日材料价格，可以通过"价格走势"查看材料价格走势图。同时，还可以通过如图 2-27 所示的关联产品及配比查看相关信息。

关联产品及配比　　　　　　　　　　　　　　　　　　　　　　✕

产品编号	产品名称	原材料配比	操作
CYYJ	抽油烟机	1套抽油烟机电机，1套抽油烟机辅料	产品价格图

图 2-27　关联产品及配比

4. 材料采购单填写

材料采购单填写如图 2-28 所示，每种产品生产可能会对应多种原材料，通常产品原材料配比为 1：1（如生产产品 M 需要投入原材料 A 和原材料 B，那么生产 1 个 M 产品就需要投入 1 个原材料 A 和 1 个原材料 B）。原材料库存下限为 10 套，生产和研发领料不可低于库存下限，因此原材料库存数量最低为 10 套。最终综合考虑生产所需和价格走势等因素，确定材料数量 🖐。

> **提示：**
> ① 选择购买数量时，应考虑固定运费。
> ② 商业折扣，发货方式一般选择货到付款。
> ③ 付款方式有一次性付款、首六余四等，应考虑公司现有资金规模选择付款方式。
> ④ 原材料最晚 5 天到货，要在 12 号之前购买并到货。

小思考：

确定材料采购数量时，通常需要考虑哪些因素？

图 2-28 材料采购单填写

（二）承接订单与投入广告费

1. 承接订单

微课 2-10:

承接订单

销售工作也由运营管理完成,运营管理可以经常查看产品价格,选择价高的时候接受订单。接受订单时可以选择客户,每个客户都附带自己的付款方式,主要有一次性付款和分期付款方式。运营可以根据自己的情况选择客户,但并不是所有的客户都会按期全额付款,这种风险是随机的,不可预计的。运营接受订单后,要注意生产情况,可以提前发货,但是不能延后,如果延期发货会被扣除企业信誉值,延期超过规定时间,会被扣除违约金。最终既不能发货也不能支付违约金的企业,将被提起诉讼,进入法院程序,有支付能力的企业会被强制执行,没有支付能力的则面临破产。因此,承接订单之前可以查看产品库存,根据现有库存以及发货之前能够入库的产成品数量,并结合市场价格因素综合考虑是否接受订单。

特别提示:

产品的价格走势图是指把一定时间内交易市场上各产品的价格、时间等信息用曲线在坐标图上加以显示的技术图形。坐标的横轴是时间,纵轴是产品的价格。

（1）查看产品价格走势🖐。运营管理可以通过查看如图 2-29 所示的产品价格走势图,选择当日是否需要接单。

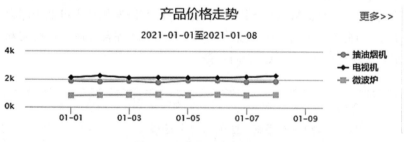

图 2-29 产品价格走势查看

特别提示:

最初只能承接一类低级订单,其他订单需要陆续投入广告费之后才能承接。注意查看不同客户的付款规则。

（2）承接订单🖐。在查看完当日产品价格走势,且确定该日产品价格可以接单后,运营管理进入"承接订单"界面,具体操作如图 2-30 所示,点击【业务管理】→【销售管理】→【承接订单】→【查看订单】→【下一步】,也可以在"快速开始"中点击"承接订单"。点击查看订单,可以查看订单信息;点击"客户信息",就可以查看该订单对应的客户相关信息。

承接订单

序号	合同名称	合同产品	合同类型	合同所属市场	市场划分	操作
1	电视订单800-02	电视机	普通合同	国内初级市场	一类低级	查看订单 客户信息
2	电视订单200-02	电视机	普通合同	国内初级市场	一类低级	查看订单 客户信息

图 2-30 承接订单

2. 投放广告

投放广告可以为企业争取一定的市场份额,市场份额体现为可选的"主营业务订单"数量。市场分为国内初级市场、国内中级市场和国内高级市场。要达到不同等级的市场,企业需要投入一定金额的广告费。平台初始设置的"市场范围"为"一类低级"。企业投入的广告费金额和每个月所能承接的订单有直接的关系。初级市场只能承接一些小订单,到了中级和高级市场则会接到大额订单,订单的数量也会相应增加。投放广告要考虑到资金的剩余情况。具体投放操作界面如图 2-31 所示。

微课 2-11:
投放广告

已投广告费	产品	当前市场	下一市场	距下一市场差额	操作	
0.00	电视机	国内初级市场(一类低级)	国内初级市场(一类高级)	600000.00		投入广告费
0.00	抽油烟机	国内初级市场(一类低级)	国内初级市场(一类高级)	700000.00		投入广告费
0.00	微波炉	国内初级市场(一类低级)	国内初级市场(一类高级)	350000.00	350000	投入广告费

图 2-31 投放广告

运营管理输入投放广告的金额后,点击"投入广告费"。财务总监审批通过之后,成本管理审批付款,最后资金管理进行付款操作。

五、产品生产与销售

(一)生产产品

生产线安装完成后,开始进行产品生产。

1. 生产管理

运营管理进入"生产管理"界面,如图 2-32 所示,选择【业务管理】→【生产管理】,点击"生产产品"。

微课 2-12:
生产产品

特别提示:

生产产品基本流程如下:生产投产(运营管理操作)→选择投产数量(不超过产能)(运营管理操作)→选择投入员工(不超过生产线要求)(运营管理操作)→开始生产(运营管理操作,财务总监进行决策审批,运营继续执行生产业务)。

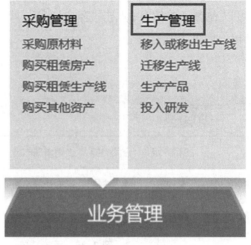

图 2-32 生产管理

2. 生产产品

进入"生产产品"界面,如图 2-33 所示,查看可以进行产品生产的具体材料库存信息,点击"立即生产"。

产品生产	原材料库存		

抽油烟机 (CYYJ)

所需原材料	配比	库存
抽油烟机辅料	1	1010
抽油烟机电机	1	1010

立即生产

电视机 (DSJ)

所需原材料	配比	库存
电视机显示屏	1	1010
电视机辅料	1	1010

立即生产

图 2-33 生产产品

3. 填写生产单

生产单填写具体信息如图 2-34 所示,输入"生产数量"和"生产人员数量",点击"下一步",提交决策申请至财务总监处。

小思考：

如何确定生产数量和生产人员数量?

① 填写生产单	② 填写决策单

产品编号:	CYYJ
产品名称:	抽油烟机

原材料: 抽油烟机电机 / 套
配比数量: 1.00 库存数量: 1010 库存成本: 779.5213
原材料: 抽油烟机辅料 / 套
配比数量: 1.00 库存数量: 1010 库存成本: 558.1275

生产数量:	900	* 提示:最大可生产数量为1000,并且不超过生产线产能
生产人员数量:	180	* 提示:当前生产人员数量为560,并且不超过生产线容纳生产人员数量
生产线:	抽油烟机生产线A型[未移入厂房][空闲] ∨ *	
生产线信息:	产能900 容纳生产人员数量180 单位产品耗用工时1.20 废品率0.50%	
预计生产耗时:	预计生产完成日期2021-01-18	

下一步　　取消

图 2-34　填写生产单

运营管理进行生产操作,首先在厂房界面选择"产品生产",企业在进行生产时,注意查看原材料的相关配比信息,生产数量不能超过生产线产能;生产人员数量在生产线规模内可自主选择,但投入的生产工人数量不能超过生产线要求。如果企业有多条生产线,则需要综合考虑,选择适合的生产线。选择完毕后,点击"开始生产",可以在业务信息处查看生产进度,月末填写成本表中的完工比例时也需查看此处。图中"最大可生产数量 1 000"是根据原材料的库存数量计算的,不代表一次可以生产的最大产能。生产人员数量填写不能超过生产线容纳的最多生产人员数量。

（二）销售发货

一个生产周期完成后,运营管理可以根据订单开始销售发货。点击"合同清单及发货"可以查询已承接的所有订单(包括未发货和已发货的),然后对未发货的订单进行发货。

微课 2-13:

销售发货

1. 生产完成确认

运营管理在"待办事项"中可以查看生产完成确认信息,如图 2-35 所示,点击"生产完成确认"。

图 2-35 生产完成确认

2. 销售发货

在"快速开始"界面,点击"销售发货",如图 2-36 所示。

图 2-36 销售发货

特别提示:

实训平台中企业初始信誉值为 100 分,因违约或终止合同等原因会导致信誉值降低,信誉值越低企业在后续采购材料的付款方式和承接订单的收款方式可选项就越少。

3. 完成合同

点击每个合同的名称,可以查看合同的详细信息,如图 2-37 所示,点击"发货"。如果库存数量足够,就可以进行发货动作并完成合同;点击"终止",即终止该合同,需扣除相应的信誉值;选中产品,点击"发货",即可发货。

序号	合同名称	客户名称	合同产品	产品数量	库存数量	到期时间	操作	
1	微波炉订单800-02	郑州美达电器批发有限公司	微波炉	800	599	2021-01-23	发货	终止
2	抽油烟机订单800-02	天津住友电器批发有限公司	抽油烟机	800	0	2021-01-28	发货	终止
3	抽油烟机订单200-01	北京乐家电器商场	抽油烟机	200	0	2021-01-21	发货	终止
4	电视订单800-01	北京乐家电器商场	电视机	800	0	2021-01-28	发货	终止
5	电视订单500-01	宁波广达电器商场	电视机	500	0	2021-01-24	发货	终止

图 2-37 完成合同

六、房屋退租或续租

在季末,即 4 月 1 号,可以选择退租或续租生产线、厂房、办公用房。运营管理点击【业务管理】→【物资管理】→【固定资产管理】,再点击"退租",即可完成退租或续租业务。需要注意的是办公用房,系统规定不可退租。如果选择退租生产线、厂房,具体操作过程如下所示。

1. 移出生产线

以抽油烟机生产线 B 型为例,进行移出处理,具体操作如图 2-38 所示,点击"业务管理",选择"生产管理",点击"移出生产线"。

图 2-38　移出生产线

2. 退租生产线、退租厂房

以厂房 A、抽油烟机生产线 B 型、微波炉生产线 B 型为例,进行生产线、厂房的退租处理,具体操作如图 2-39 所示,点击【业务管理】→【物资管理】→【固定资产管理】→【退租】。

18	厂房A	4000000.00	33333.00	2021-01-02	房产(厂房) 无产权	空闲	租赁	自定义编号	季度续租	退租
19	抽油烟机生产线B型	20000000.00	200000.00	2021-01-02	生产线		空闲	租赁	自定义编号	季度续租	退租
20	微波炉生产线B型	18000000.00	180000.00	2021-01-02	生产线		空闲	租赁	自定义编号	季度续租	退租

图 2-39　退租生产线、厂房

3. 续租办公用房

每季末,管理人员和销售人员不能移出办公用房,所以办公用房只能续租。续租办公用房,依次点击【业务管理】→【物资管理】→【固定资产管理】→【季度续租】→【下一步】→【提交】→【确定】。

七、批次结束

批次结束的最后一天,运营点击"下班",显示如图 2-40 所示的界面,运营管理业务结束。

图 2-40 批次结束

【项目小结】

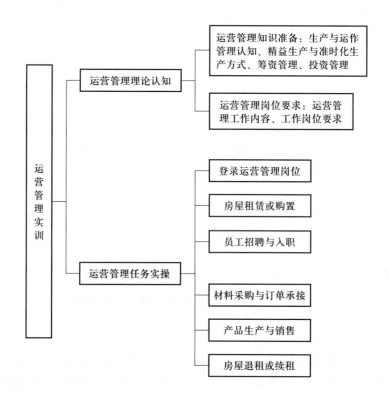

【拓展训练】

请登录财务管理综合实训平台,选择运营管理岗位,并与资金管理、成本管理、财务总监岗位一起,模拟一家主营家庭影院、电暖气和烤箱的家电企业,完成三个月的经营业务,运营管理岗位配合其他各岗位完成各月材料的采购、产品的生产与销售、广告的投放等任务。

项目三　资金管理实训

【知识目标】

1. 掌握库存现金、应收账款和存货的管理内容。

2. 熟悉共享服务中心的应用。

3. 熟悉资金管理的主要工作内容。

【技能目标】

1. 能与其他角色配合,完成企业日常业务审批。

2. 能综合考虑企业资金需求情况,完成贷款业务。

3. 能根据企业运营情况,完成相应的日常业务和期末业务会计核算。

【素养目标】

(1) 坚守会计职业道德。坚持实事求是,不做假账。学生在任何条件下,都要如实反映会计核算的内容,当老实人,办老实事,说老实话,绝不弄虚作假,保证会计数字和信息的真实性,坚持会计准则和诚实守信的会计职业道德,牢记诚信敬业的社会主义核心价值观。

(2) 培养严谨细致、精益求精的工匠精神。学生在进行会计核算时,要认真审核每一张单据、凭证,保证数据填写精确无误,发扬严谨细致、精益求精的工匠精神。

(3) 制定合理的职业和人生规划。关注采购材料、人工和水电的付款时间以及销售产品的收款时间,合理规划现金流入和流出。通过本项目的学习引导学生做好各项计划工作,对职业和人生进行合理规划,树立正确的人生观和价值观。

【引导案例】

一份 96 分的水力学考卷

小思考:
你认为资金管理角色在工作中最重要的工作品质是什么?

在交大的图书馆里,珍藏着一份 96 分的水力学试卷,做这份试卷的人就是钱学森。在这样一份普通的试卷背后,却有着一个感人的故事。原来钱学森在上海交通大学就读时,品学兼优,各门学科都得 90 分以上。在一次水力学考试中,钱学森答对了所有的 6 道题,他的任课老师很高兴,给了钱学森 100 分的满分成绩。但钱学森却发现自己答题时把一处符号"Ns"误写成"N"了。钱学森主动把这个小错误告诉了老师,老师也把 100 分的试卷改为了 96 分。任课老师一直保存着爱徒的试卷,即使在战乱的迁徙中也一直保存在行李箱中。20 世纪 80 年代,钱学森再次回到母校的时候,任课老师拿出了这份珍贵的试卷,赠与了母校。

微课 3-1:
资金管理知识准备

启示: 这份小小的试卷反映了一位世界著名的科学家对自己的严格要求,在日常的工作中,我们也要像科学家一样,面对工作要一丝不苟、虚心诚实。

任务一 资金管理理论认知

一、资金管理知识准备

(一)共享理念——共享服务中心的应用

随着经济全球化进程加速,我国经济和技术迅速发展,企业间的竞争越来越激烈。为应对市场竞争,有效提高企业经济效益,从内部而言,企业应当不断地进行内部结构优化。在优化过程中,如何以成本较低的平台系统为基础,采用先进的科学管理技术以及规范的流程制度获取最大化的利益,强化企业管理控制能力,成为企业关注的重要问题。财务部门是在企业内部拥有重要职能的一个独立单元,其对资金的把控和支配是影响企业发展的一个重要因素。然而,在发展的过程中,财务部门仍然需要承担一系列其他的工作,发挥更多的职能,这在一定程度上可能会导致财务工作的混乱,造成财务工作主次不清。同时,重复又分散的业务增加了企业的整合成本,这些因素影响了财务部门日常核算职能的履行,为企业在日后发展中制定和推行新的政策带来了阻碍。因此,企业要摆脱困境,就必须明确分离职能不同的业务岗位,整合分散且重复的业务岗位,在该过程中,最有效的措施就是建立财务共享服务中心。

财务共享服务中心 是企业集中式管理模式在财务管理工作中的最新应用,它通过信息技术对业务流程进行再创造,把零散的会计业务或者分布于不同地区的财务流程进行整合与统一,将企业内各财务组织简单、重复的资金结算和会计核算等业务通过网络、镜像、"银企直联" 🔒 等技术集中到共享服务中心加以处理,使用统一的标准进行财务管理,将财务风险降至最低。通过财务共享服务为公司创造以下价值:① 财务共享服务中心将业务财务、共享财务及战略财务 ☢ 进行整合,为企业提供规范、高质量的财务结算和会计核算服务。通过业务的标准化和流程再造,建立一支精简高效的财务共享服务队伍,推进工作流程的标准化。在统一的共享系统平台上批量处理财务结算和会计核算业务可以提高工作效率,降低管理成本。② 财务共享服务中心将企业资金分散管理、分散支付的传统管理模式转变为"资金预算管理、集中支付管控" 🔒 模式,强化资金集中管理,降低财务运营成本,通过归集资金实现对资金的统一调度、管理、运用和监控,降低财务成本和资金风险。③ 整合业务信息系统,实现"业财税一体化",借助财务共享平台建设,不断推进信息系统建设,逐步实现与业务信息系统的无缝衔接,减少"信息孤岛",打造自动化的业务、财务、税务系统互联互通的综合信息管理系统。

财务共享服务中心需要将来自各部门的大量业务数据加以整合,将其转变为信息的形式进行传递。但是如果各系统间的衔接性较差,数据在不同部门收集过程中将会出现偏差,很难准确地实施财务共享,并且极大地降低财务运作效率。因此,要想保证财务共享服务中心的有效实施,企业必须关注信息技术的应用,完善信息的高效传递,推动信息平台的建设,保障信息传递的准确性并组建大型数据库为企业提供统一标准,从而发挥财务共享服务中心的最大效用。财务管理综合实训平台中,需要充分运用共享理念,设置共享服务中心界面。系统根据企业的运营情况,实时输出企业运营过程中的各项票据,资金管理主要通过共享服务中心完成企业日常业务的核算工作。

(二)企业营运资金的管理

企业的营运资金在全部资金中占有相当大的比重,而且周转期短,形态易变,是企业财务管理工作的一项重要内容。

1. 营运资金管理的原则

企业进行营运资金管理,应遵循以下原则。

(1)保证合理的资金需求。企业应认真分析生产经营状况,合理确定营运资金的需求数量。企业营运资金的需求数量与企业生产经营活动有直接关系 👆。一般情况下,当企业产销两旺时,流动资产会不断增加,流动负债也会相应增加;而当企业产销量不断减少时,流动资产和流动负债也会相应减少。营运资金的管理必须把满足正常合理的资金需求作为首要任务。

(2)提高资金使用效率。加速资金周转是提高资金使用效率的主要手段之一。提高营运资金使用效率的关键就是采取有力措

📻 知识卡片:

业务财务:以业务数据为前提,以项目数据为核心,业务数据在系统中经过网上报账、往来管理或项目核算等模块功能以后,逐渐转化成为财务数据,由系统自动生成待处理凭证,财务人员处理之后,最终生成总账信息,同时系统支持各分支模块数据的报表查询。

共享财务:将企业集团内部分散的财务业务流程进行整合,建立统一的数据平台,进行财务信息共享,实现跨地区、跨国家会计业务的统一管理。

战略财务:将企业的长期目标(包括财务目标、客户目标、内部流程目标等)和行动计划转换为财务预测模型,在不同的经营、投资和筹资的预设条件下,通过共享平台模拟和分析单个目标企业或集团的盈利、资产负债和现金流量的可能情况。同时根据不同的企业价值评估方法对企业和股东价值进行评估,以便高层管理者分析判断不同战略对企业的长期财务影响,最终选择对企业具有最佳财务效果的战略方案。

💡 特别理解:

共享模式下的资金管理通过运用信息技术手段建立数据仓库、数据分析平台,集中管理银行账户,所有账户由集团统一管理,通过建立资金池、银企互联统一支付平台,对资金统一收入、统一支付,资金计划统一管控。采用"收支两条线"的资金管理方式,各子公司资金收入自动归集,按资金预算、资金计划集中资金拨付,每一笔资金收入、资金支出都是透明、经过授权和公开的。共享模式下的资金管理,对业务流程进行了改造,使财务工作变得标准化、流程化和细分化,更好地实现资金集中管控。有力地解决了资金透明度低、控制力弱的问题。

小思考:

对于生产周期波动较大的企业,在每个生产周期对营运资金的需求相同吗?

施,缩短营业周期,加速变现过程,加快营运资金周转。因此,企业要千方百计地加速存货、应收账款等流动资产的周转,以便用有限的资金,服务更大的产业规模,为企业取得更好的经济效益提供条件。

（3）节约资金使用成本。在营运资金管理中,必须正确处理保证生产经营需要和节约资金成本二者之间的关系。要在保证生产经营需要的前提下,遵守勤俭节约的原则,尽力降低资金使用成本。为实现降低成本的目的,一方面,要挖掘资金潜力,盘活全部资金,高效率地使用资金;另一方面,积极拓展融资渠道,合理配置资源,筹措低成本资金服务于生产经营。

（4）保证足够的短期偿债能力。偿债能力的高低是企业财务风险高低的标志之一。合理安排流动资产与流动负债的比例关系,保持流动资产结构与流动负债结构的适配性,保证企业有足够的短期偿债能力是营运资金管理的重要原则之一。如果一个企业的流动资产比较多,流动负债比较少,说明企业的短期偿债能力较强;反之,则说明短期偿债能力较弱。

特别提示:

通常,企业短期偿债能力常用流动比率财务指标衡量,流动比率=流动资产/流动负债,根据企业流动资产和流动负债的相关财务数据所计算出的该指标只有和同行业平均流动比率、本企业历史的流动比率进行比较,才能知道这个比率是高还是低。

营运资金的管理主要包括现金、应收账款和存货以及流动负债的管理。本书主要从现金、应收账款和存货的管理三个方面详细介绍营运资金的管理内容。

2. 现金的管理

企业的流动资产中,现金的流动性最强,持有足够的现金不仅能增强企业资产的流动性,还能应付意外事件对现金的需求,从而降低企业的财务风险。现金有广义、狭义之分。广义的现金是指在生产经营过程中以货币形态存在的资金,包括库存现金、银行存款和其他货币资金等;狭义的现金仅指库存现金。现金管理的主要内容包括最佳现金持有量的确定和现金的日常管理。其中,最佳现金持有量的确定方法主要有成本模型、存货模型和随机模型。

（1）成本模型。成本模型是根据现金有关成本,分析预测其总成本最低时现金持有量的一种方法。其计算公式为:

知识卡片:

现金的管理成本,是指企业因持有一定数量的现金而发生的管理费用。

机会成本,是指企业因持有一定现金而丧失的再投资收益。

短缺成本是指在现金持有量不足,又无法及时通过有价证券变现加以补充时给企业所造成的损失。

$$最佳现金持有量 = \min(管理成本 + 机会成本 + 短缺成本)$$

其中,管理成本属于固定成本,机会成本是正相关成本,短缺成本是负相关成本。因此,成本模型是要找到机会成本、管理成本和短缺成本所组成的总成本曲线中最低点所对应的现金持有量,把它作为最佳现金持有量,如图 3-1 所示。

（2）存货模型。存货模型的基本原理来源于存货的经济批量模型。该模型不考虑短缺成本,只对现金的机会成本同固定转换成本予以考虑。现金的机会成本与现金持有量成正比,持有现金越多,机会成本越高。而固定性转换成本随着现金持有量的变动呈现出相反的变动趋向。这就要求企业必须对现金和有价证券的分割比例进行合

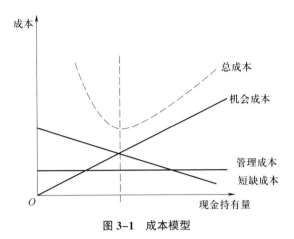

图 3-1　成本模型

理安排,从而使机会成本与固定性转换成本 保持最佳组合。也就是说,能使现金的机会成本与固定性转换成本之和保持最低的现金持有量,就是最佳的现金持有量。存货模型是在假定现金支出比较稳定的情况下计算最佳现金持有量,但实际工作中很难预测企业的现金支出,因此,该模型测算的结果只能作为企业判断现金持有量的一个参考标准。

　　企业运用存货模型来确定现金的最佳持有量时,假设:T 是某一时期现金总需要量;Q 是现金持有量;K 是有价证券的利息率(机会成本);F 是每次转换有价证券的成本;TC 是现金管理相关总成本。

　　则相关总成本 TC 的计算公式为:

$$TC = K \times \frac{Q}{2} + F \times \frac{T}{Q}$$

　　即:现金管理相关总成本 = 机会成本 + 固定性转换成本

　　现金管理相关总成本与机会成本、固定性转换成本的关系如图 3-2 所示。

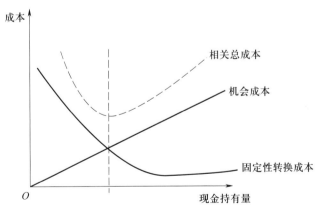

图 3-2　现金管理相关总成本与机会成本、固定性转换成本的关系

　　从图 3-2 可以看出,现金管理的相关总成本与现金持有量呈凹型曲线关系。持有现金的机会成本与固定性转换成本相等时,现金管理相关

知识卡片:

　　固定性转换成本就是指每次的转换成本一定,固定性转换成本总额与现金转换的次数相关但与交易金额无关,一般来说实物交割手续费属于固定性转换成本。

总成本最低,此时的现金持有量为最佳现金持有量,即: $Q^* = \sqrt{\dfrac{2TF}{K}}$

最佳现金持有量下的存货相关总成本: $TC^* = \sqrt{2TFK}$

（3）随机模型。在实际工作中,企业现金流量往往具有很大的不确定性。假定每日现金净流量的分布接近正态分布,每日现金流量或低于或高于期望值,其变化是随机的。由于现金流量波动是随机的,只能对现金持有量确定一个控制区域,确定上限和下限。当企业现金余额在上限和下限之间波动时,则将部分现金转换为有价证券;当现金余额下降到下限区域时,则卖出部分证券。随机模型如图 3-3 所示 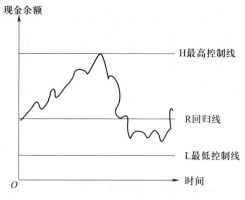。

图 3-3　随机模型

> **特别理解:**
>
> 假如某公司持有有价证券的平均年利率为 5%,公司的现金最低控制线为 1 500 元,现金余额的回归线为 8 000元。如果公司现有现金 20 000 元,根据随机模型,此时应当投资于有价证券的金额是 0 元。原因是:R−L=8 000−1 500=6 500(元),H=8 000+2×6 500=21 000(元)。根据现金管理的随机模型,如果现金量在控制上下限之间,不必进行现金与有价证券的转换。

如图 3-3 所示,随机模型有两条控制线和一条回归线。最低控制线 L 取决于模型之外的因素,其数额是现金管理部经理在综合考虑短缺现金的风险程度、公司借款能力、公司日常周转所需资金、银行要求的补偿性余额等因素的基础上确定的。回归线 R 可以按下列公式计算:

$$R = \left(\frac{3b\delta^2}{4i}\right)^{\frac{1}{3}} + L$$

式中:b——证券转换为现金或现金转换为证券的成本;

　　　δ——公司每日现金流变动的标准差;

　　　i——以日为基础计算的现金机会成本。

最高控制线 H 的计算公式为:

$$H = 3R - 2L$$

（4）现金的日常管理。企业日常经营中,对现金的日常管理主要包括以下三方面。

① 现金周转期。为了确定企业的现金周转期,我们需要了解营运资金的循环过程。首先,企业要购买原材料,但是并不是购买原材料的当天就马上付款,这一延迟的时间段就是应付账款周转期。企业对原材料进行加工最终转变为产成品并将之卖出,这一时间段为存

货周转期。从产品销售至收回产品货款,这一时间段为应收账款周转期。而现金周转期指介于公司支付现金与收到现金之间的时间段,即存货周转期与应收账款周转期之和减去应付账款周转期。现金周转期具体循环过程如图 3-4 所示。

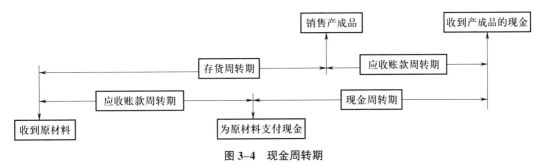

图 3-4　现金周转期

其用公式表示就是:

现金周转期 = 存货周转期 + 应收账款周转期 - 应付账款周转期

其中:

存货周转期 = 平均存货 / 每天的销货成本

应收账款周转期 = 平均应收账款 / 每天的销货收入

应付账款周转期 = 平均应付账款 / 每天的购货成本

要缩短现金周转期,可以从以下方面着手:加快制造与销售产成品来减少存货周转期;加速应收账款的回收来减少应收账款周转期;减缓支付应付账款来延长应付账款周转期。

② 现金收入管理。现金的收入管理 需要特别关注收账的流动时间。一个高效率的收款系统能够使收款成本和收款浮动期达到最小,同时能够保证客户汇款及其他现金流入来源相关的信息的质量。收款系统成本包括浮动期成本、管理收款系统的相关费用(例如银行手续费)和第三方处理或清算相关费用。收款在途的项目使企业无法利用这些资金,也会产生机会成本。信息的质量包括收款方得到的付款人的姓名、付款的内容和付款时间,信息要求及时、准确地到达收款人一方,以便收款人及时处理资金,作出发货的安排。

③ 现金支出管理。现金支出管理的主要任务是尽可能延缓现金的支出时间。当然,这种延缓必须是合理合法的。通常可以采用现金浮游量,推迟应付账款的支付 ,争取现金流出与现金流入同步等方法,提高资金使用效率。

企业应尽量使现金流出与流入同步,这样可以降低交易性现金余额,同时可以减少有价证券转换为现金的次数,提高现金的利用效率,节约转换成本。企业若能有效控制现金支出,同样可带来大量的现金结余。控制现金支出的目标是在不损害企业信誉条件下,尽可能推迟

小思考:

企业缩短现金周转期的方法有哪些?

3

特别提示:

资金管理中,对于现金收入的管理,通常需要与运营管理配合,在签订销售合同时,关注客户的信用和客户付款的方式,尽可能选择一次性收款方式。

特别提示:

资金管理中,对于现金支出的管理,通常可以考虑采用推迟应付账款的支付时间这一方法,提高现金的使用效率。

特别提示：

信用期限是指企业允许客户从购货到付款的最长时间间隔。

特别理解：

应收账款账龄分析是按应收账款拖欠时间的长短，分析判断可收回金额和坏账的一种方法。通常而言，应收账款账龄越长，其所对应坏账损失的可能性越大。可将应收账款按账龄长短分成若干组，并按组估计坏账损失的可能性，进而计算坏账损失的金额。

特别理解：

ABC 分析法下，A 类客户特点：应收账款逾期金额占应收账款逾期总额的比重较大，对于 A 类客户的管理方法是：作为催款的重点对象，可以发出措辞较为严厉的信客账款逾期催收通知，或派专人催收，或委托收款代理机构处理，甚至可以通过法律途径解决。B 类客户特点：应收账款逾期金额占应收账款总额比重居中，对于 B 类客户的管理方法是：可以多发几封信函催收，或打电话催收。C 类客户特点：应收账款逾期金额占应收账款总额比重较小，C 类客户管理方法：只需要发出通知其付款的信函即可。

现金的支出。

3. 应收账款管理

（1）应收账款管理的相关成本。应收账款主要有以下三种相关成本。

① 机会成本。应收账款会占用企业一定量的资金，而企业若不把这部分资金投放于应收账款中，便可用于其他投资并有几率获得收益，例如投资债券获得利息收入。这种因投放于应收账款而放弃其他投资所带来的收益，即为应收账款的机会成本。

② 管理成本。其主要是指在进行应收账款管理时所增加的费用，主要包括：调查顾客信用状况的费用、收集各种信息的费用、账簿的记录费用、收账费用等。应收账款的管理成本一般情况下不随应收账款数量的变化而变化，可以将其认定为决策无关成本。

③ 坏账成本。在赊销交易中，债务人由于种种原因无力偿还债务时，债权人就有可能因无法收回应收账款而发生损失，即坏账成本。可以说，企业发生坏账成本是不可避免的，坏账成本一般与应收账款的数量成正比。

（2）应收账款的日常管理。应收账款的日常管理主要包括以下三方面。

① 应收账款周转天数。应收账款周转天数为应收账款的日常管理提供了一个简单的指标，其将企业当前的应收账款周转天数与规定的信用期限 、历史趋势以及行业正常水平进行比较以反映企业整体的收款效率。

$$应收账款周转天数 = 应收账款平均余额 / 日平均销售额$$
$$平均逾期天数 = 应收账款周转天数 - 平均信用期天数$$

② 应收账款账龄分析。账龄分析表将应收账款划分为未到期的应收账款和以 30 天为间隔的逾期应收账款，这是衡量应收账款管理状况的另一种方法。企业既可以按照应收账款总额进行账龄分析，也可以分顾客进行账龄分析。账龄分析法可以确定逾期应收账款，随着逾期时间的增加，应收账款收回的可能性越小。

③ ABC 分析法。ABC 分析法是现代经济管理中广泛应用的一种"抓重点、照顾一般"的管理方法，又称重点管理法。它是将企业的所有欠款客户按其金额的多少进行分类排序，然后分别采用不同收账策略的一种方法。这种方法一方面有利于加快应收账款的收回，另一方面能将收账费用与预期收益联系起来。

4. 存货管理

（1）存货的持有成本。存货的持有成本主要包括以下三种。

① 取得成本。取得成本指为取得某种存货而支出的成本，其又分为订货成本和购置成本。订货成本指取得订单的成本，如办公费、差旅费、邮资、电报电话费、运输费等支出；购置成本指为购买存货本

身所支出的成本,即存货本身的价值,其经常用数量与单价的乘积来确定。

②　储存成本。储存成本指为保持存货而发生的成本,包括存货占用资金所应计的利息、仓库费用、保险费用、存货破损和变质损失等。

③　缺货成本。缺货成本指由于存货供应中断而造成的损失,包括材料供应中断造成的停工损失、产成品库存缺货造成的拖欠发货损失、丧失销售机会的损失及造成的商誉损失等。如果生产企业以紧急采购代用材料解决库存材料中断之急,那么缺货成本表现为紧急额外购入成本。

如果以 TC 来表示储备存货的总成本,它的计算公式为:

$$TC = 取得成本 + 储存成本 + 缺货成本$$

（2）最佳存货持有量的确定方法。

财务管理中通常采用经济批量订货模型法确定最佳存货持有量。经济订货模型是建立在一系列严格假设基础上的。这些假设包括:① 存货总需求量是已知常数;② 订货提前期是常数;③ 货物是一次性入库;④ 单位货物成本为常数,无批量折扣;⑤ 库存持有成本与库存水平呈线性关系;⑥ 货物是一种独立需求的物品,不受其他货物影响。

特别理解:
企业存货的最优化,就是使企业存货总成本即上式 TC 值最小。

在以上假设基础上,存货的经济订货批量模型的计算公式如下:

$$EOQ(Q^*) = \sqrt{\frac{2KD}{K_C}}$$

$$TC(Q^*) = \sqrt{2KDK_C} = K \times \frac{D}{Q} + \frac{Q}{2} \times K_C$$

$$N = D/Q$$

$$T = 360 / \frac{D}{Q}$$

$$存货平均占用资金 = \frac{Q}{2} \times U$$

式中,D 为年需求量;K 为单位订货成本;K_C 为单位储存成本;U 为进价;$EOQ(Q^*)$ 为经济订货批量（最佳存货持有量）;$TC(Q^*)$ 为与经济订货批量相关的总成本;N 为最佳订货次数;T 为最佳订货周期。

（3）存货的日常管理。

存货的日常管理,常用存货的周转天数表示。存货周转天数是指一定时期内企业平均存货与日销货成本的比率。它是衡量和评价企业购入存货、投入生产、销售收回等各环节管理效率的综合性指标。存货周转天数越短,表面存货占用水平越低,流动性越强,变现能力越快。

计算公式:
存货周转天数 = 360/ 存货周转次数 = 360/（销售成本 / 存货平均金额）

二、资金管理岗位要求

资金管理岗位主要考核资金运用、资金数据分析、经营数据处理能力。资金管理岗位负责企业现金收付、银行存款收付、银行内部转账等资金管理事项；负责贷款、股票业务等筹资投资业务执行；负责企业日常业务经营数据处理及月末核算业务处理。资金管理主要工作要求如下：

（1）熟悉掌握财务制度、会计制度和有关法律法规，遵守《中华人民共和国会计法》，维护财经纪律，执行财务制度，实行会计监督。

（2）编制并严格执行部门预算，对执行中发现的问题，提出建议和措施。

（3）按照会计制度，审核记账凭证，做到凭证合法、内容真实、数据准确、手续完备；保障账目健全，及时记账算账，按时结账，如期报账，定期对账（包括核对现金实有数），保证所提供的会计信息合法、真实、准确、及时、完整。

（4）及时清理往来账项，协助资产管理部门定期做好财产清查和核对工作，做到账实相符。

任务二　资金管理任务实操

一、资金管理日常业务审批

（一）登录资金管理岗位

根据账号密码登录平台，选择资金管理岗位任务，界面如图 3-5 所示，点击头像，可查看"个人信息"，点击"资金管理"，可查看当前岗位及切换岗位任务。

（二）业务办理与审批

登录资金管理岗位后，会看到"待办事项""审批单"窗口。点击【待办事项】→【银行支付】→【确认收款】按钮可执行待办事项任务，如图 3-6 所示，标红的今日任务为必须要执行的任务，否则资金管理人员无法下班。点击"审批单"，找到需要审批的事项，可以进行资金管理业务任务审批。

图 3-5　资金管理岗位

待办事项(1)　　审批单

今日任务　　注册资金5000000.00到账　　　确认收款
2021-01-01

图 3-6　业务办理与审批

二、银行贷款

（一）我要贷款

需要贷款时,选择"外部机构",进入银行菜单,点击"我要贷款"按钮,界面如图 3-7 所示。

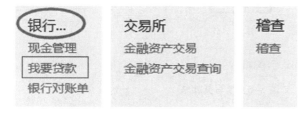

银行...
现金管理
我要贷款
银行对账单

交易所
金融资产交易
金融资产交易查询

稽查
稽查

外部机构

图 3-7　我要贷款

（二）填写贷款单

填写贷款单,选择贷款类型,输入贷款金额和贷款期限,点击"贷款提交",完成贷款申请,界面如图 3-8 所示。筹资金额根据企业实际需求选择,贷款金额最多为 500 万元。

在此还可以查看短期贷款历史记录。如果需要提前还贷,可在"我要贷款"界面中贷款记录处,点击"提前还贷"按钮,即可完成提前还贷。

> **特别提示:**
> 应根据企业实际资金需求,合理选择贷款金额。

三、凭证录入分类操作

凭证录入分为系统自动生成凭证的处理和需手工录入的凭证处理两类。

（一）自动生成类凭证的处理

对于自动生成类凭证的处理业务,可通过共享服务中心的报账审核完成凭证的识别,并自动生成记账凭证。具体操作如下:

1. 进入共享服务中心

如图 3-9 所示,资金管理角色选择"信息管理",点击"共享服务中心",以待进行报账审核。

> **微课 3-2:**
> 自动生成类凭证的处理

① 填写贷款单	② 填写决策单

公司信誉:	100.00
贷款金额:	5000000 *
贵公司短期贷款最高上限额度为(元):	￥5000000
贷款方式:	短期贷款 ∨
贷款提示:	每个月支付利息29166.67，最后一个月还本付息
贷款期限:	4月 ∨
贷款年利率:	7%
贷款所需综合费用:	100

图 3-8 填写贷款单

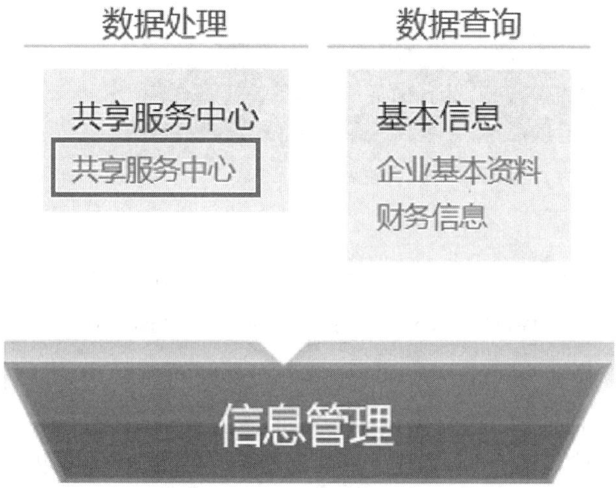

数据处理 数据查询

共享服务中心
共享服务中心

基本信息
企业基本资料
财务信息

信息管理

图 3-9 进入共享服务中心

2. 报账审核

在共享服务中心点击"报账审核"，如图 3-10 所示，左侧一栏显示"未处理"，该栏中排列的单据即为待处理单据。

3. 完成单据判断

根据会计常识，在图 3-11 所示界面，依次选择"单据类型""业务类型""单据简称"，完成单据判断 🅱。

🅱 特别理解：

单据判断即在共享服务中心对原始单据进行识别、解析，根据单据判断，系统可以自动生成记账凭证。

4. 查看会计分录

完成单据判断之后，点击"保存"，系统会出现如图 3-12 所示的界面，可在此查看该会计业务对应的会计分录。

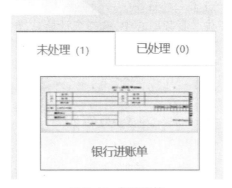

图 3-10 报账审核

报账审核　会计核算　原始单据查询　单据类型

收款类　▼

关联订单编号

业务类型

投资款　▼

关联合同编号

单据简称

进账单　▼

保存

图 3-11 完成单据判断

记 账 凭 证

凭证字　记　∨
凭证号　1

日期：2021-01-31

摘　　要	会　计　科　目	借方金额	贷方金额
收到投资款	100201　　银行存款 　　　－中国建设银行北京朝阳支行	500000000	
收到投资款	4001　　实收资本		500000000

图 3-12 会计分录

5. 修改单据判断

如果发现凭证错误，可点击如图 3-13 所示的界面右侧的"修改"按钮，重新进行单据判断。

（二）手工录入类凭证的处理

对于需要手工录入的凭证，处理流程为：依次点击【信息管理】→

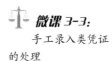

微课 3-3：
手工录入类凭证的处理

3

【共享服务中心】→【会计核算】按钮。

1. 查看会计核算

在共享服务中心中,选择会计核算,出现如图 3-14 所示的界面,点击"总账系统",查看会计核算。

图 3-13　修改单据判断

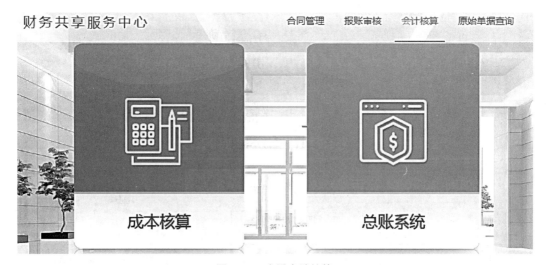

图 3-14　查看会计核算

2. 凭证录入

在总账系统中,选择"业务管理",出现如图 3-15 所示的界面,点击"凭证录入"。

图 3-15　凭证录入

3. 选择经济业务录入

在"经济业务"中选择相应凭证，点击"录入记账凭证"。如图 3-16 所示，根据运营管理所产生的经济业务，系统自动将同一经济业务的相关单据进行汇总，通过列表中的经济业务，点击"录入记账凭证"，进入原始单据选择页面。在原始单据选择页面，勾选需要附加到记账凭证上的原始单据，点击"录入记账凭证"，进入记账凭证录入页面，录入凭证完成后，点击"保存"，即完成了一张记账凭证的录入。

图 3-16　凭证录入 - 选择经济业务录入

4. 直接录入凭证

在"凭证录入"窗口，点击"直接录入，无原始单据凭证"按钮，直接跳过原始单据选择页面，进入记账凭证录入页面，录入凭证，具体操作界面如图 3-17 所示。

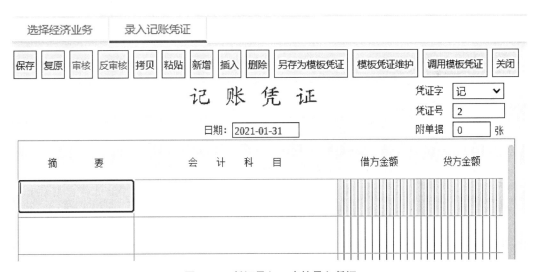

图 3-17　凭证录入 - 直接录入凭证

5. 稽核原始单据凭证

针对成本计算等需要在月末进行统计分配的经济业务，在"凭证录入"窗口，点击"录入，稽核原始单据凭证"，如图 3-18 所示，进入原始单据选择页面。

根据需要稽核的经济业务，查询当期需附带的原始单据，点击"录入记账凭证"，进入记账凭证录入页面，如图 3-19 所示。

小思考：

哪些经济业务是无原始单据凭证的？

图 3-18 稽核原始单据凭证

图 3-19 录入记账凭证

在记账凭证录入页面中,输入摘要,双击"会计科目"栏选择会计科目,输入金额,即完成一条会计分录的录入,最后点击"保存"。

> **提示:**
> 录入记账凭证需要注意以下几个方面:
> ① 记账凭证的凭证号是自动生成的。
> ② 记账凭证的凭证日期可以自主选择,但不能选择当期最末张凭证日期之前的日期;并且不可选择上期已结账的日期或超出本期会计期间的日期。
> ③ 当会计科目为"原材料"或"库存商品"时,需要点选那条会计分录,在下方数量单价框内输入数值,单价根据借贷方金额与数量自动换算。
> ④ 上方一列功能按钮中,拷贝、粘贴、新增、插入、删除用于会计分录的复制、新增、删除等;模板凭证功能提供了学生自由维护的模板凭证,每次录入凭证时可以选择已维护模板凭证,进行会计分录摘要、会计科目的快速选择,之后只需要输入金额即可,大大提高了录入凭证的效率。

四、资金业务核算

(一) 日常业务核算

日常业务涉及多种业务类型,也是资金管理中最重要的工作内容,教材中选取了部分常见的典型业务,对于每种业务,在无特别说明的情况下,后附图一通常为原始单据,图二为职业判断。在共享服务中心中,一般不需要手工输入记账凭证,只需根据原始单据进行职业判断,记账凭证会自动生成。除此之外,另有一些需要手工输入的项目,例如现金折扣的金额,出入库的产品数量等。

1. 业务一:收到投资款

企业收到投资款金额 500 万元,原始单据为图 3-20 所示的银行进账单,对于该原始单据的职业判断如图 3-21 所示,在凭证类型选择中,选"收款类",业务类型选"投资款",单据简称为"进账单",职业判断完成后,点击"保存",即可自动生成"收到投资款"的账务处理。

2. 业务二:支付借款手续费

支付借款手续费的原始单据如图 3-22 所示,职业判断如图 3-23 所示。

微课 3-4:
收到投资款

特别提示:
在无特别说明的情况下,系统中其他业务核算过程与业务一处理方法相同,各业务后所附图一为原始单据,图二为职业判断,后续将不再重复说明。

小思考:
企业支付的借款手续费应计入哪个会计科目?

3

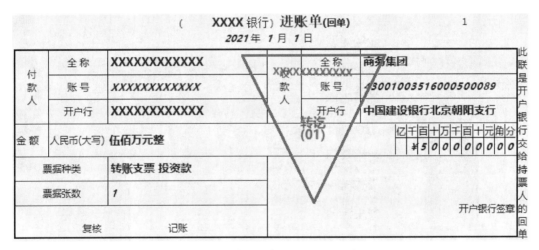

图 3-20 收到投资款 - 银行进账单

单据类型

收款类 ▼

业务类型

投资款 ▼

单据简称

进账单 ▼

图 3-21 收到投资款 - 职业判断

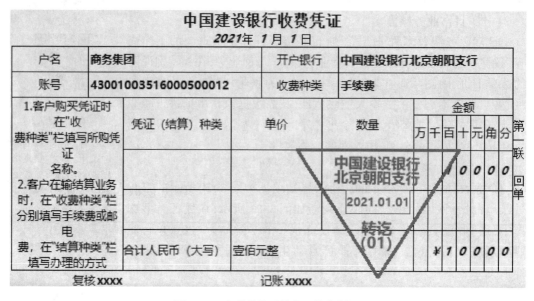

图 3-22 支付借款手续费 - 收费凭证

单据类型

费用类 ▼

业务类型

期间费用 ▼

单据简称

银行收费凭证 ▼

费用部门

财务部 ▼

费用详情：

手续费 ▼

图 3-23 支付借款手续费 - 职业判断

微课 3-5：
支付厂房租金

小思考：
办公用房租金、厂房租金，每月分摊时账务处理是否相同？

3. 业务三：支付厂房租金

支付厂房租金的进账单，金额为四个月租金合计，注意以后每月都需要进行分摊，房屋租金进账单如图 3-24 所示。

根据原始凭证生成记账凭证，凭证类型选择如下图 3-25 所示，选择单据类型为"付款类"，业务类型为"租金"，单据简称为"进账单"。

在进行厂房租金支付时，需要注意点击【查看合同】-【房屋租赁合同】，查看该笔支付款项是否为租金，查看合同页面如图 3-26 所示。

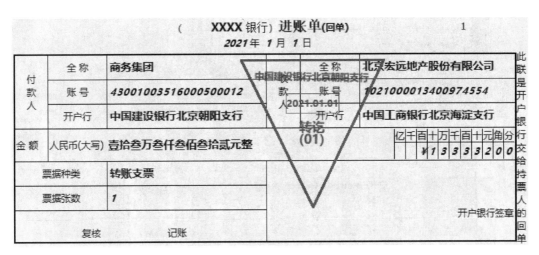

图 3-24　支付厂房租金 – 进账单

单据类型

付款类

业务类型

租金

单据简称

进账单

往来单位：

北京宏远地产股份有限公司

图 3-25　支付厂房租金 – 职业判断

第五条　租金及支付方式

该房屋每月租金为 __33333.00__　　（大写 叁万叁仟叁佰叁拾叁元整 ）。

首次支付租金应当支付4个月的租金，其中一个月的租金为押金，最后一次支付租金时可以抵掉，少支付一个月租金。

图 3-26　支付厂房租金 – 查看合同

4. 业务四：收到办公用房租金发票

收到办公用房租金业务的原始凭证如图 3-27 所示，职业判断如图 3-28 所示。

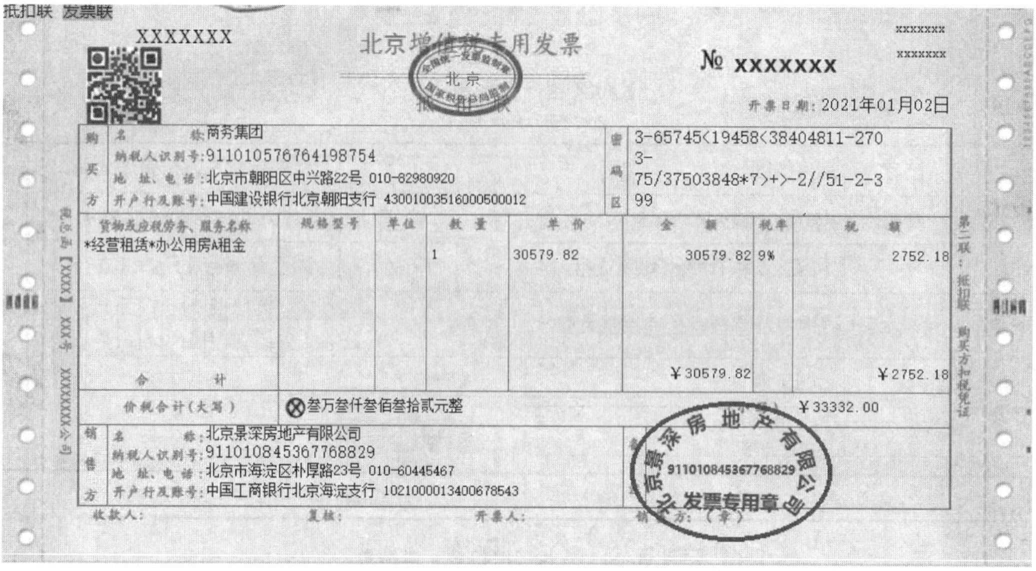
抵扣联 发票联

XXXXXXX 北京增值税专用发票 № XXXXXXX

开票日期：2021年01月02日

购买方 名称：商务集团
纳税人识别号：911010576764198754
地址、电话：北京市朝阳区中兴路22号 010-82980920
开户行及账号：中国建设银行北京朝阳支行 43001003516000500012

密码区 3-65745<19458<38404811-270 3- 75/37503848*7>+>-2//51-2-3 99

货物或应税劳务、服务名称	规格型号	单位	数量	单价	金额	税率	税额
*经营租赁*办公用房A租金			1	30579.82	30579.82	9%	2752.18
合计					¥30579.82		¥2752.18
价税合计（大写）	⊗叁万叁仟叁佰叁拾贰元整				（小写）¥33332.00		

销售方 名称：北京景深房地产有限公司
纳税人识别号：911010845367768829
地址、电话：北京市海淀区朴厚路23号 010-60445467
开户行及账号：中国工商银行北京海淀支行 1021000013400678543

收款人： 复核： 开票人： 销售方：（章）

第二联：抵扣联 购买方扣税凭证

图 3-27 收到办公用房租金 – 增值税专用发票

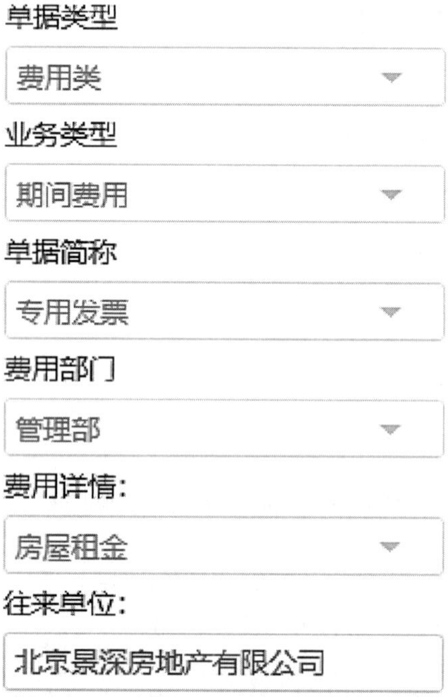
单据类型
费用类
业务类型
期间费用
单据简称
专用发票
费用部门
管理部
费用详情：
房屋租金
往来单位：
北京景深房地产有限公司

图 3-28 收到办公用房租金 – 职业判断

5. 业务五：分摊办公用房屋租金

该笔业务类型为手工录入凭证，操作过程为点击【总账系统】→【凭证录入】→【直接录入，无原始单据凭证】→【保存】，业务的记账凭证如图 3-29 所示。

6. 业务六：收到生产线租金发票

收到生产线租金业务的原始凭证如图 3-30 所示，职业判断如图 3-31 所示。

> **小思考：**
> 生产线的租金应计入制造费用还是管理费用？

记 账 凭 证

凭证字　记

凭证号　16

日期：2021-01-31

摘　　要	会 计 科 目	借方金额	贷方金额
期间费用	660203　　　管理费用 　　　　　－房屋租金	764496	
期间费用	22210101　应交税费 　　　　　－应交增值税 -- 进项税额	275218	
期间费用	112309　　　预付账款 　　　　　－北京景深房地产有限公司		1039714

图 3-29　分摊办公用房租金

图 3-30　收到生产线租金－增值税专用发票

7. 业务七：分摊生产线租金

该笔业务类型为手工录入凭证，操作过程为点击【总账系统】→【凭证录入】→【直接录入，无原始单据凭证】→【保存】，该业务的记账凭证如图 3-32 所示。

8. 业务八：收到厂房租金发票

收到厂房租金业务的原始凭证如图 3-33 所示，职业判断如图 3-34 所示。

9. 业务九：分摊厂房租金 🔘

2、3月需手工分摊厂房租金（每笔租金均要分摊，分摊金额 = 租赁厂房发票无税金额 ÷4），操作过程为点击【总账系统】→【凭证录入】→【直接录入，无原始单据凭证】→【保存】，该业务的记账凭证如图 3-35 所示。

特别理解：

由于厂房租金采用预付的方式，首次租赁一次性支付四个月租金，因此后续每个月需要手工分摊厂房租金，无原始凭证。

单据类型

费用类

业务类型

制造费用

单据简称

专用发票

费用部门

生产部

费用详情:

生产线租金

产品名称:

微波炉

往来单位:

北京裕隆机械制造有限公司

图 3-31 收到生产线租金 – 职业判断

记 账 凭 证

凭证字 记

凭证号 11

日期: 2021-02-28

附单据 0 张

摘要	会计科目	借方金额	贷方金额
分摊生产线	50010303 生产成本 微波炉 -- 制造费用	1592904	
分摊生产线	112315 预付账款 北京裕隆机械制造有限公司		1592904

图 3-32 分摊生产线租金

抵扣联 发票联

XXXXXXX

北京增值税专用发票

北京

抵扣联

№ XXXXXXX

xxxxxxx

xxxxxxx

开票日期: 2021年01月02日

购买方	名称: 商务集团 纳税人识别号: 911010576764198754 地址、电话: 北京市朝阳区中兴路22号 010-82980920 开户行及账号: 中国建设银行北京朝阳支行 43001003516000500012	密码区	3-65745<19458<38404811-270 3- 75/37503848*7>+>-2//51-2-3 99

货物或应税劳务、服务名称	规格型号	单位	数量	单价	金额	税率	税额
*经营租赁*厂房租金			1	122322.94	122322.94	9%	11009.06
合计					¥122322.94		¥11009.06
价税合计(大写)	⊗壹拾叁万叁仟叁佰叁拾贰元整				(小写) ¥133332.00		

销售方	名称: 北京宏远地产股份有限公司 纳税人识别号: 911010887575565687 地址、电话: 北京市海淀区蓝旗路44号 010-60534343 开户行及账号: 中国工商银行北京海淀支行 1021000013400974554	备注	

收款人: 复核: 开票人: 销售方:(章)

北京宏远地产股份有限公司 911010887575565687 发票专用章

第二联:抵扣联 购买方扣税凭证

图 3-33 收到厂房租金 – 增值税专用发票

单据类型

费用类 ▽

业务类型

制造费用 ▽

单据简称

专用发票 ▽

费用部门

生产部 ▽

费用详情:

房屋租金 ▽

往来单位:

北京宏远地产股份有限公司

图 3-34 收到厂房租金 – 职业判断

微课 3-6:

原材料入库

3

10. 业务十:原材料入库

原材料入库业务的原始凭证如图 3-36 所示,职业判断如图 3-37 所示。

记 账 凭 证

凭证字 记 ▽

凭证号 12

日期:2021-02-28   附单据 0 张

摘　　要	会 计 科 目	借方金额	贷方金额
分摊厂房	510102　　制造费用 房屋租金	3058074	
分摊厂房	112307　　预付账款 北京宏远地产股份有限公司		3058074

图 3-35 分摊厂房租金

财务联

入 库 单

2021 年 01 月 04 日   单号 xxxxxx

交来单位 及部门	武汉民众电子有限公司		验收 仓库		入库 日期	2021-01-04		财
编号	名 称 及 规 格	单位	数　量		实 际 价 格			务
			交库	实收	单价	金额		联
W003	微波炉辅材	套	1010.00	1010.00	51.0397	51550.10		
	合　　　　计					￥51550.10		

仓库部主管:　　　　质管部:　　　　经办人:　　　　制单人: xxx

图 3-36 原材料入库 – 入库单

单据类型

采购类 ▼

业务类型

购买原材料 ▼

单据简称

入库单 ▼

数　　量:

1010

往来单位:

武汉民众电子有限公司

原材料名称:

微波炉辅材

图 3-37　原材料入库 – 职业判断

小思考:

企业购买原材料支付的运输费如何进行账务处理?

11. 业务十一: 收到运费发票

收到运费发票业务的原始凭证如图 3-38 所示,职业判断如图 3-39 所示。

12. 业务十二: 收到借款借据

收到借款借据业务的原始凭证如图 3-40 所示,职业判断如图 3-41 所示。

13. 业务十三: 收到采购原材料发票

采购原材料业务的原始凭证如图 3-42 所示,职业判断如图 3-43 所示。

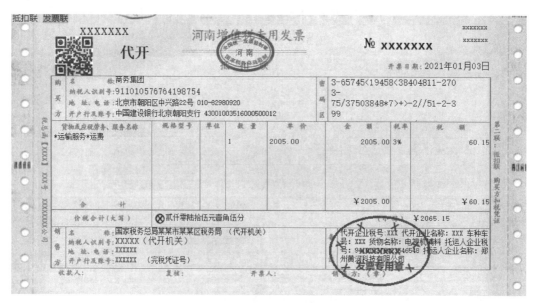

图 3-38　收到运费发票 – 增值税专用发票

单据类型

采购类 ▾

业务类型

购买原材料 ▾

单据简称

专用发票 ▾

往来单位：

郑州黄河科技有限公司

图 3-39 收到运费发票 – 职业判断

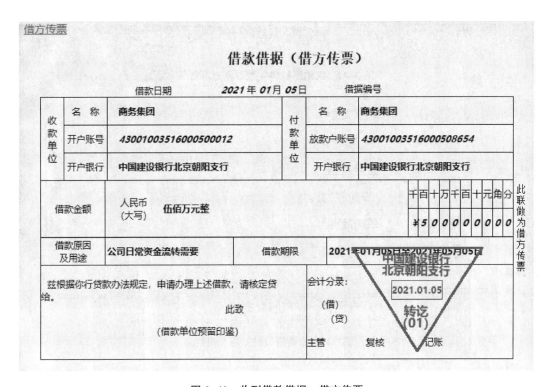

图 3-40 收到借款借据 – 借方传票

单据类型

收款类 ▾

业务类型

借款 ▾

单据简称

借款借据 ▾

图 3-41 收到借款借据 – 职业判断

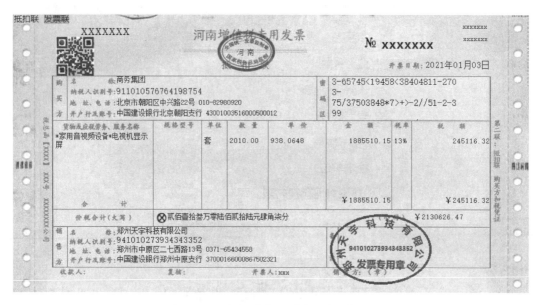

图 3-42　采购原材料 – 增值税专用发票

单据类型

采购类

业务类型

购买原材料

单据简称

专用发票

往来单位:

郑州天宇科技有限公司

图 3-43　采购原材料 – 职业判断

14. 业务十四：支付款项

为确认该支付款项具体内容,可在首页快速开始部分,点击【系统事项】→【已办事项】,查找与进账单相同的金额项目,作为选择"业务类型"的依据。该业务的原始凭证如图 3-44 所示,职业判断如图 3-45 所示。

15. 业务十五：收到固定资产发票

收到固定资产发票业务的原始凭证如图 3-46 所示,职业判断如图 3-47 所示。

16. 业务十六：生产领用原材料

生产领用原材料业务的原始凭证如图 3-48 所示,职业判断如图 3-49 所示。

微课 3-7:
生产领用原材料

小思考:

生产领用原材料业务如何进行账务处理?

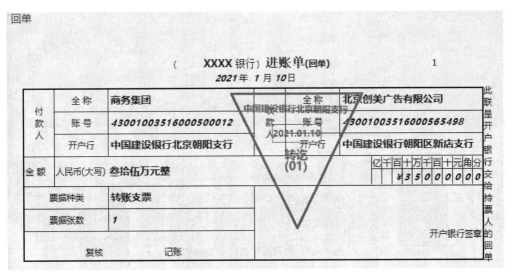

图 3-44　支付款项－进账单

单据类型

付款类

业务类型

货款、劳务、服务及费用款项

单据简称

进账单

现金折扣：

请输入金额

往来单位：

北京创美广告有限公司

图 3-45　支付款项－职业判断

图 3-46　收到固定资产－增值税专用发票

3

单据类型

采购类 ▼

业务类型

采购电子设备 ▼

单据简称

专用发票 ▼

往来单位:

北京美丰电器商场

电子设备名称:

复印机

图 3-47 收到固定资产 – 职业判断

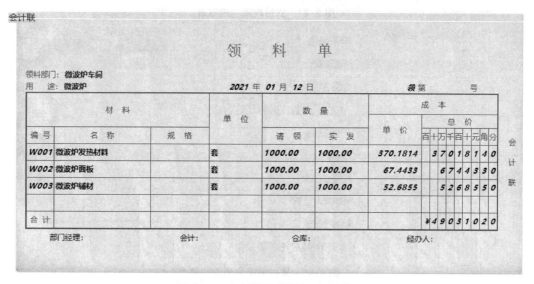

图 3-48 生产领用原材料 – 领料单

单据类型

生产类 ▼

业务类型

生产领用 ▼

单据简称

领料单 ▼

产品名称:

微波炉 ▼

数　量:

1000

图 3-49 生产领用原材料 – 职业判断

17. 业务十七：支付货款

（1）找到如图 3-50 所示的支付货款的电子汇划收款回单,根据原始凭证生成记账凭证。

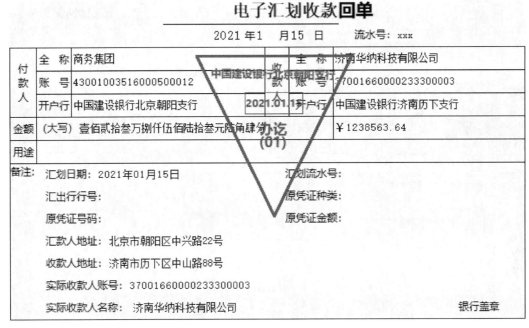

图 3-50　支付货款 - 电子汇划收款回单

（2）在支付货款凭证编辑处,如图 3-51 所示,依次选择单据类型、业务类型、单据简称等,以此为依据生成支付货款的记账凭证。

图 3-51　支付货款 - 职业判断

（3）折扣金额的计算。折扣金额的计算为采购发票价税合计金额 + 运费发票的价税合计金额 - 进账单金额（或者电子汇划收款回单金额）。根据图 3-52、图 3-53、图 3-54 所示的采购发票和运费发票以及电子汇划收款回单信息，该业务的折扣金额 =1 258 777.74+2 065.15-1 238 563.64=22 279.25（元）。

18. 业务十八：收到仓储费发票

收到仓储费发票业务的原始凭证如图 3-55 所示，职业判断如图 3-56 所示。

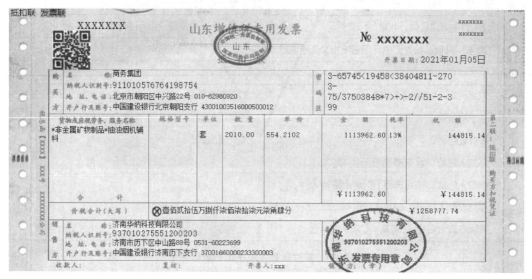

图 3-52 采购原材料 - 增值税专用发票

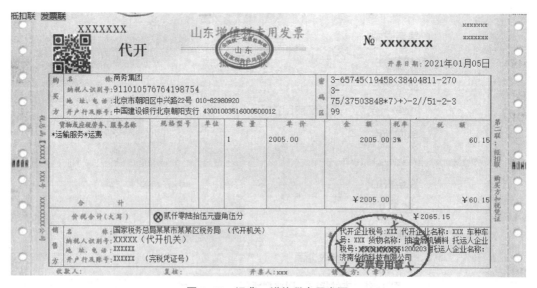

图 3-53 运费 - 增值税专用发票

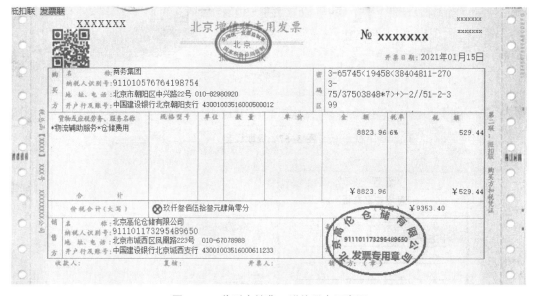

图 3-54 支付货款-电子汇划收款回单

3

图 3-55 收到仓储费-增值税专用发票

19. 业务十九:提取现金

（1）支付费用时可能会使用现金支付。需要提取现金时,在图 3-57 所示的界面,点击【银行中心】-【提现】,上限为 50 000 元,企业库存现金不得超过 50 000 元。

（2）完成提现业务后,在图 3-58 所示的界面,选择单据类型、业务类型等信息,生成记账凭证。

单据类型

费用类　▽

业务类型

期间费用　▽

单据简称

专用发票　▽

费用部门

管理部　▽

费用详情：

仓储费　▽

往来单位：

北京高伦仓储有限公司

图 3-56　收到仓储费发票 – 职业判断

快速开始

银行中心　　　总账系统　　　系统事项

操作

存现　　提现

图 3-57　提取现金

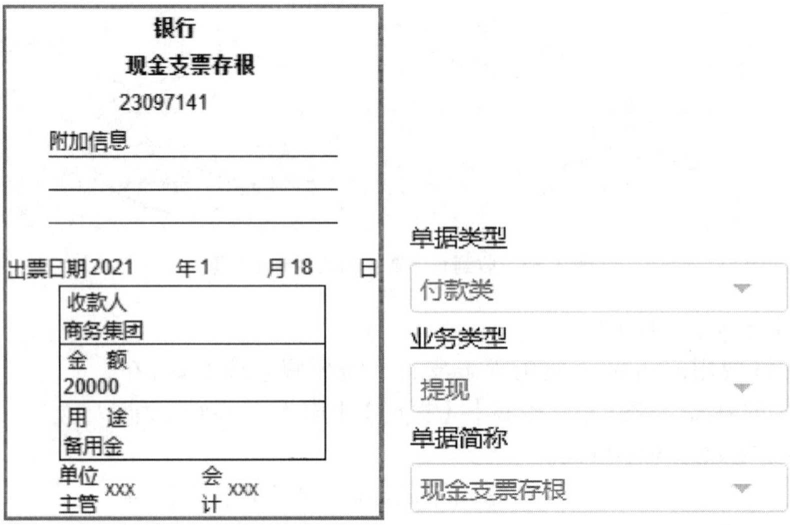

银行
现金支票存根
23097141
附加信息

出票日期 2021　　年1　　月18　　日

| 收款人 商务集团 |
| 金　额 20000 |
| 用　途 备用金 |
| 单位 主管 xxx | 会 计 xxx |

单据类型

付款类　▽

业务类型

提现　▽

单据简称

现金支票存根　▽

图 3-58　提取现金 – 职业判断

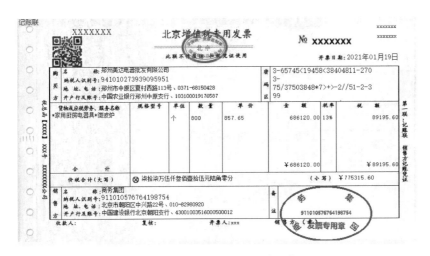

图 3-59　销售产品 - 增值税专用发票

单据类型

销售类 ▼

业务类型

销售产品 ▼

单据简称

专用发票 ▼

往来单位：

郑州美达电器批发有限公司

产品名称：

微波炉

图 3-60　销售产品 - 职业判断

微课 3-8：
销售产品开具专用发票

小思考：
企业销售产品与销售原材料对比，在进行凭证识别及判断时，哪些项目是相同的，哪些是不同的？

小思考：
销售人员差旅费与管理人员差旅费凭证识别及判断是否相同？

20. 业务二十：销售产品

销售产品业务的原始凭证如图 3-59 所示，职业判断如图 3-60 所示。

21. 业务二十一：收到通信费发票

收到通信费发票业务的原始凭证如图 3-61 所示，职业判断如图 3-62 所示。

22. 业务二十二：报销差旅费

报销差旅费业务的原始凭证如图 3-63 所示，职业判断如图 3-64 所示。

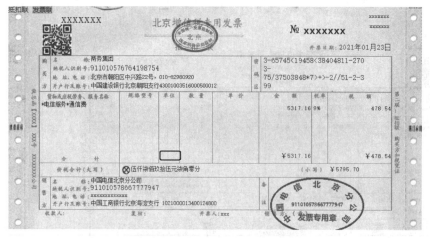

图 3-61　通信费 – 增值税专用发票

单据类型

费用类　　　　　　　　　　▼

业务类型

期间费用　　　　　　　　　▼

单据简称

专用发票　　　　　　　　　▼

费用部门

管理部　　　　　　　　　　▼

费用详情:

通信费　　　　　　　　　　▼

往来单位:

中国电信北京分公司

图 3-62　通信费 – 职业判断

报 销 单

填报日期: **2021**年 **1** 月 **23** 日　　　　　　单据及附件共 **7** 张

姓名	钱来乐	所属部门	销售部	报销形式	现金	
				支票号码		
报销项目		摘 要		金 额		备注:
差旅费		销售人员出差费用		41277.80		
			现金付讫			
合 计				￥41277.80		
金额大写: 零 拾 肆 万壹 仟贰 佰柒 拾柒 元捌 角零 分				原借款: 　　　　元		应退款: 　　元
						应补款: 　　元

总经理: **xx**　　财务经理: **xx**　　部门经理: **xx**　　会计: **xx**　　出纳: **xx**　　领款人: **xx**

图 3-63　报销差旅费 – 报销单

单据类型

费用类　▽

业务类型

期间费用　▽

单据简称

报销单　▽

费用部门

销售部　▽

费用详情：

差旅费　▽

图 3-64　报销差旅费 – 职业判断

23. 业务二十三：报销办公费

报销办公费业务的原始凭证如图 3-65 所示，职业判断如图 3-66 所示。

24. 业务二十四：收到货款

本业务的原始凭证如图 3-67 所示，职业判断如图 3-68 所示。

25. 业务二十五：收到低值易耗品发票

本业务的原始凭证如图 3-69 所示，职业判断如图 3-70 所示。

26. 业务二十六：收到生产用电费发票

本业务的原始凭证如图 3-71 所示，职业判断如图 3-72 所示。

小思考：

生产用电费与办公用电费的单据识别及判断是否相同？

报 销 单

填报日期：*2021*年 *1* 月 *23* 日　　　　　单据及附件共 *5* 张

姓名	钱我有	所属部门	综合管理部	报销形式	现金	
				支票号码		
报 销 项 目		摘　　要		金　　额		备注：
办公费		办公费		10671.44		
			现金付讫			
合　　　　　计				￥10671.44		
金额大写：零 拾壹 万零 仟陆 佰柒 拾壹 元肆 角肆 分				原借款：　　　元		应退款：　　　元
						应补款：　　　元

总经理：xx　　　财务经理：xx　　　部门经理：xx　　会计：xx　　出纳：xx　　领款人：xx

图 3-65　报销办公费 – 报销单

单据类型

费用类

业务类型

期间费用

单据简称

报销单

费用部门

管理部

费用详情：

办公费

图 3–66 报销办公费 – 职业判断

电子汇划收款回单

2021 年1 月23 日 流水号：xxx

付款人	全 称	天津住友电器批发有限公司	收款人	全 称	商务集团
	账 号	104100005000405711		账 号	43001003516000500012
	开户行	中国银行天津红桥支行		开户行	中国建设银行北京朝阳支行
金额	(大写) 捌拾万贰仟伍佰贰拾陆元整				¥802526.00
用途					

备注：

汇划日期：2021年1月23日　　汇划流水号：

汇出行行号：　　原凭证种类：

原凭证号码：　　原凭证金额：

汇款人地址：天津市红桥区复兴路88号

收款人地址：北京市朝阳区中兴路22号

实际收款人账号：43001003516000500012

实际收款人名称：商务集团

银行盖章

中国建设银行北京朝阳支行 2021.1.23 办讫 (01)

图 3–67 收到货款 – 电子汇划收款回单

单据类型

收款类

业务类型

货款

单据简称

电子汇划回单

往来单位：

天津住友电器批发有限公司

图 3–68 收到货款 – 职业判断

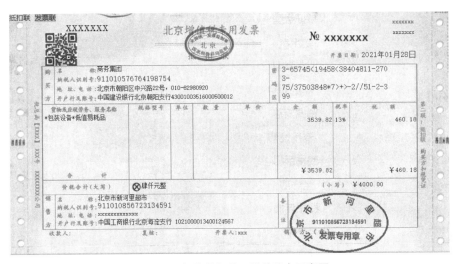

图 3-69 低值易耗品 - 增值税专用发票

单据类型

费用类 ▽

业务类型

制造费用 ▽

单据简称

专用发票 ▽

费用部门

生产部 ▽

费用详情:

低值易耗品 ▽

往来单位:

北京市新河里超市

图 3-70 低值易耗品 - 职业判断

图 3-71 生成用电费 - 增值税专用发票

单据类型

费用类 ▼

业务类型

制造费用 ▼

单据简称

专用发票 ▼

费用部门

生产部 ▼

费用详情：

生产用电 ▼

往来单位：

北京市供电公司

图 3-72 生产用电费 – 职业判断

🦫 **小思考：**

生产用水费与办公用水费在业务类型判断时应分别选择什么业务类型？

27. 业务二十七：收到生产用水费发票 🦫

本业务的原始凭证如图 3-73 所示，职业判断如图 3-74 所示。

28. 业务二十八：收到办公用水费发票

本业务的原始凭证如图 3-75 所示，职业判断如图 3-76 所示。

29. 业务二十九：报销业务招待费

报销业务招待费业务的原始凭证如图 3-77 所示，职业判断如图 3-78 所示。

30. 业务三十：收到办公用电费发票

本业务的原始凭证如图 3-79 所示，职业判断如图 3-80 所示。

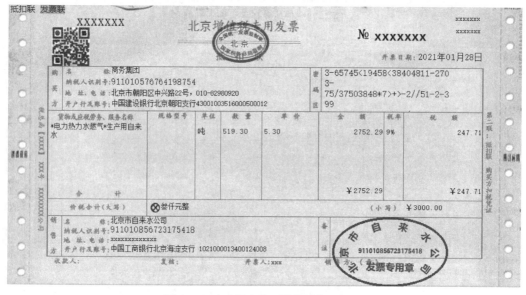

图 3-73 生产用水费 – 增值税专用发票

单据类型

费用类　▼

业务类型

制造费用　▼

单据简称

专用发票　▼

费用部门

生产部　▼

费用详情：

生产用水　▼

往来单位：

北京市自来水公司

图 3-74　生产用水费 - 职业判断

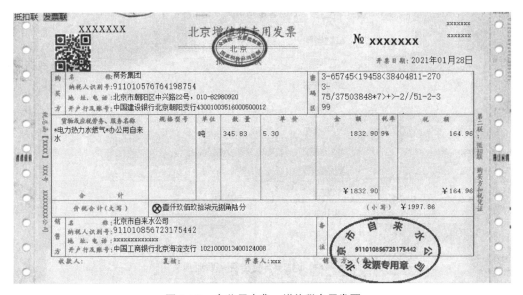

图 3-75　办公用水费 - 增值税专用发票

单据类型

费用类　▼

业务类型

期间费用　▼

单据简称

专用发票　▼

费用部门

管理部　▼

费用详情：

办公用水费　▼

往来单位：

北京市自来水公司

图 3-76　办公用水费 - 职业判断

报 销 单

填报日期：**2021**年 **1** 月**28** 日   单据及附件共 **7** 张

姓名	**钱多多**	所属部门	**销售部**	报销形式	**现金**	
				支票号码		

报 销 项 目	摘 要	金 额	备注：
业务招待费	**销售业务招待客户**	**22498.88**	
	现金付讫		
合　　　计		**￥22498.88**	

金额大写：**零 拾贰 万贰 仟肆 佰玖 拾捌 元捌 角捌 分**	原借款： 元	应退款： 元
		应补款： 元

总经理：xx   财务经理：xx   部门经理：xx   会计：xx   出纳：xx   领款人：xx

图 3-77 报销业务招待费 – 报销单

单据类型
> 费用类　　　　　　　　▽

业务类型
> 期间费用　　　　　　　▽

单据简称
> 报销单　　　　　　　　▽

费用部门
> 销售部　　　　　　　　▽

费用详情：
> 业务招待费　　　　　　▽

图 3-78 报销业务招待费 – 职业判断

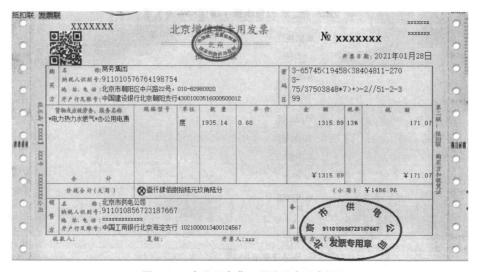

图 3-79 办公用电费 – 增值税专用发票

单据类型

费用类 ▼

业务类型

期间费用 ▼

单据简称

专用发票 ▼

费用部门

管理部 ▼

费用详情：

办公用电费 ▼

往来单位：

北京市供电公司

图 3-80　办公用电费 - 职业判断

31. 业务三十一：收到凭证工本费清单

收到凭证工本费清单业务的原始凭证如图 3-81 所示，职业判断如图 3-82 所示。

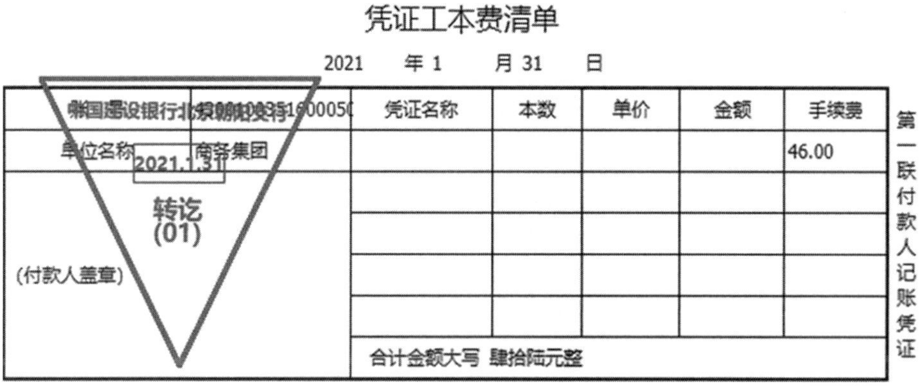

凭证工本费清单

2021　　年 1　　月 31　　日

帮国建设银行北京朝阳支行1600050	凭证名称	本数	单价	金额	手续费	第一联付款人记账凭证
单位名称 商务集团					46.00	
2021.1.31 转讫(01) (付款人盖章)						
	合计金额大写　肆拾陆元整					

图 3-81　工本费 - 凭证工本费清单

单据类型

费用类 ▼

业务类型

期间费用 ▼

单据简称

凭证工本费清单 ▼

费用部门

财务部 ▼

费用详情：

手续费 ▼

图 3-82　工本费 - 职业判断

32. 业务三十二：支付借款利息

支付借款利息业务的原始凭证如图 3–83 所示，职业判断如图 3–84 所示。

银行利息回单

2021年 02月 05 日

收款单位	账 号	43001003516000508654	付款单位	账 号	43001003516000500012		代付、收款通知书
	户 名	中国建设银行北京朝阳支行		户 名	商务集团		
	开户银行	中国建设银行北京朝阳支行		开户银行	中国建设银行北京朝阳支行		
			利率	7.00%	利息	¥29166.67	
户第		利息 ¥29166.67					
银行盖章							

中国建设银行北京朝阳支行 2021.02.05 转讫 (01)

图 3–83 支付借款利息 – 银行利息回单

单据类型

费用类

业务类型

期间费用

单据简称

银行利息回单

费用部门

财务部

费用详情：

手续费

图 3–84 支付借款利息 – 职业判断

33. 业务三十三：出售原材料

出售原材料业务的原始凭证如图 3–85 所示，职业判断如图 3–86 所示。

34. 业务三十四：支付工资

支付工资业务的原始凭证如图 3–87 所示，职业判断如图 3–88 所示。

会计联

出 库 单

出货单位：**商务集团**   *2021 年 01 月 25 日*   单号：*XXXXXX*

提货单位或领货部门	宁波创投科技有限公司		销售单号			发出仓库		出库日期	*2021年1月25日*

编 号	名 称 及 规 格	单 位	数　　量		单 价	金 额
			应 发	实 发		
D001	电视机显示屏	套	*10.00*	*10.00*	*939.0623*	*9390.62*
	合　　　计					*¥9390.62*

部门经理：　　　　会计：　　　　仓库：　　　　经办人：

图 3-85　出售原材料 – 出库单

单据类型

销售类　　　　▼

业务类型

销售材料　　　　▼

单据简称

出库单　　　　▼

数　　量：

10

产品名称：

电视机显示屏

图 3-86　出售原材料 – 职业判断

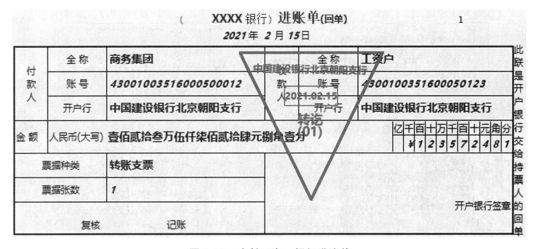

图 3-87　支付工资 – 银行进账单

单据类型

付款类 ▼

业务类型

工资费用 ▼

单据简称

进账单 ▼

费用详情：

工资 ▼

图 3-88 支付工资 – 职业判断

小思考:

支付福利费的职业判断、单据类型为什么是工资费用？

35. 业务三十五：支付福利费

支付福利费业务的原始凭证如图 3-89、图 3-90 所示，职业判断如图 3-91 所示。

36. 业务三十六：收到职工教育经费发票

职工教育经费业务的原始凭证如图 3-92、图 3-93 所示，职业判断如图 3-94 所示。

37. 业务三十七：支付工会经费

支付工会经费业务的原始凭证如图 3-95、图 3-96 所示，职业判断如图 3-97 所示。

图 3-89 支付福利费 – 增值税普通发票

图 3-90　支付福利费 – 银行进账单

单据类型

付款类　　　　　　　　　▽

业务类型

工资费用　　　　　　　　▽

单据简称

普通发票　　　　　　　　▽

费用详情：

福利费用　　　　　　　　▽

图 3-91　支付福利费 – 职业判断

图 3-92　职工教育经费 – 增值税普通发票

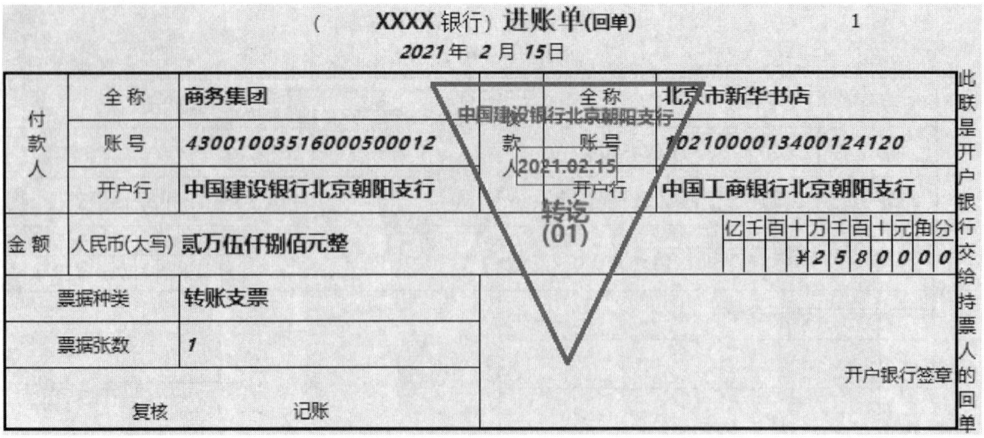
（ XXXX 银行）进账单(回单) 1

2021年 2月 15日

付款人	全称	商务集团	收款人	全称	北京市新华书店
	账号	43001003516000500012		账号	1021000013400124120
	开户行	中国建设银行北京朝阳支行		开户行	中国工商银行北京朝阳支行
金额	人民币(大写)	贰万伍仟捌佰元整		亿千百十万千百十元角分	¥2580000
票据种类		转账支票			
票据张数		1			
复核		记账		开户银行签章	

中国建设银行北京朝阳支行 2021.02.15 转讫 (01)

此联是开户银行交给持票人的回单

图 3-93 职工教育经费 – 银行进账单

图 3-94 职工教育经费 – 职业判断

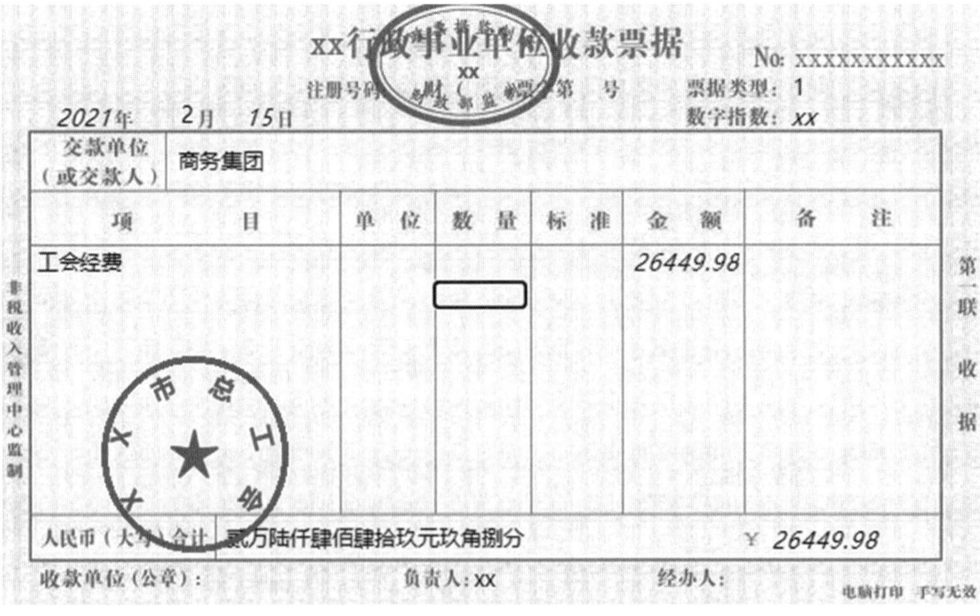
xx行政事业单位收款票据

No: XXXXXXXXXX

注册号码 财（ ）票第 号

票据类型：1

数字指数：xx

2021年 2月 15日

交款单位（或交款人）	商务集团					
项 目	单 位	数 量	标 准	金 额	备 注	
工会经费				26449.98		
人民币（大写）合计	贰万陆仟肆佰肆拾玖元玖角捌分			¥ 26449.98		

收款单位（公章）： 负责人：xx 经办人：

非税收入管理中心监制

第一联 收据

电脑打印 手写无效

图 3-95 支付工会经费 – 行政事业单位收款票据

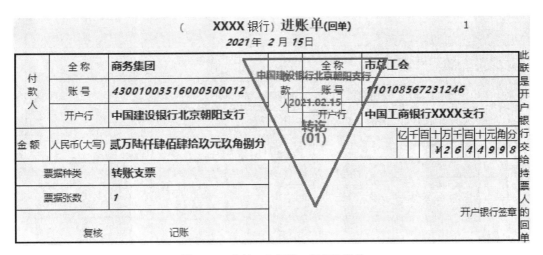

图 3-96　支付工会经费 - 银行进账单

单据类型

付款类

业务类型

工资费用

单据简称

行政事业单位收款票据

费用详情:

工会经费

图 3-97　支付工会经费 - 职业判断

38. 业务三十八:支付社保费用

支付社保费用业务的原始凭证如图 3-98、图 3-99 所示,职业判断如图 3-100 所示。

39. 业务三十九:收到广告费发票

本业务的原始凭证如图 3-101 所示,职业判断如图 3-102 所示。

40. 业务四十:支付凭证工本费

本业务的原始凭证如图 3-103 所示,职业判断如图 3-104 所示。

微课 3-9:
收到广告费发票

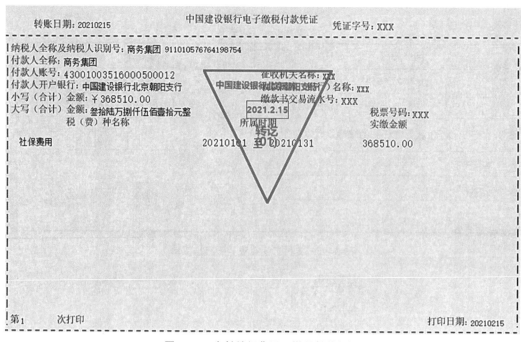

图 3-98　支付社保费用 – 缴税付款凭证

工资汇总表

单位：商务集团　　　　　　　　　　　　　　　　　　　　　　　　日期：20210131

部门名称	人员类别	人数	基本工资	绩效工资	应发工资	社保个人部分	个税	实发工资	社保单位部分
综合管理部	管理人员	5	20000.00	0.00	20000.00	1005.00	44.85	18950.15	3280.00
销售部	销售人员	10	20000.00	22498.88	42498.88	2010.00	164.67	40324.21	6560.00
生产部	生产人员	400	1200000.00	0.00	1200000.00	80400.00	0.00	1119600.00	262400.00
生产部	生产线管理人员	15	60000.00	0.00	60000.00	3015.00	134.55	56850.45	9840.00
合　计		430	1300000.00	22498.88	1322498.88	86430.00	344.07	1235724.81	282080.00

图 3-99　支付社保费用 – 工资汇总表

小思考：

如何查找企业为员工缴纳的社保费个人承担金额和公司承担金额？

单据类型

付款类

业务类型

工资费用

单据简称

电子缴税付款凭证（建设银行）

费用详情：

社保费用

个人承担：

86430.00

公司承担：

282080.00

图 3-100　支付社保费用 – 职业判断

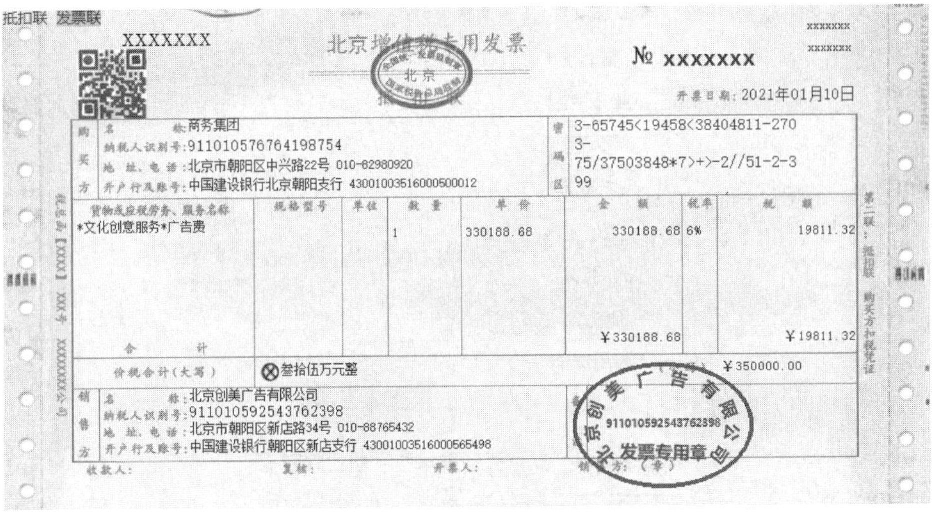

图 3-101 广告费 - 增值税专用发票

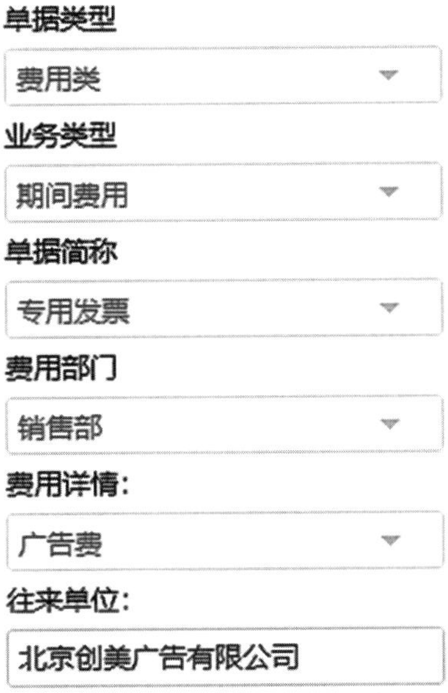

单据类型

费用类 ▾

业务类型

期间费用 ▾

单据简称

专用发票 ▾

费用部门

销售部 ▾

费用详情:

广告费 ▾

往来单位:

北京创美广告有限公司

图 3-102 广告费 - 职业判断

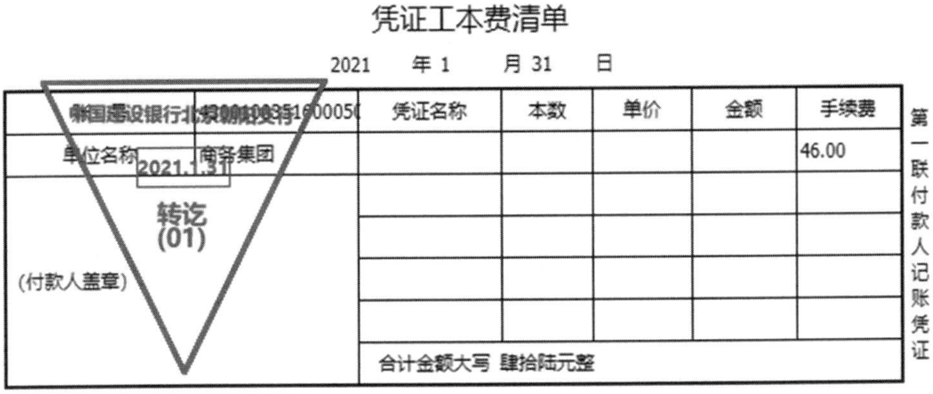

凭证工本费清单

2021 年 1 月 31 日

中国建设银行北京朝阳支行43001003516000050 单位名称 商务集团	凭证名称	本数	单价	金额	手续费
					46.00
转讫 (01) 2021.1.31 (付款人盖章)					
	合计金额大写 肆拾陆元整				

图 3-103 支付凭证工本费清单

图 3-104 支付凭证工本费 – 职业判断

特别提示：

由于质量保证金的计提基础是本期销售净额，因此如果本期有销售退回业务，需要在完成销售退回处理后，才可以做计提质量保证金的账务处理。

（二）期末业务核算

1. 业务一：计提质量保证金

计提质量保证金时，注意一定要确保所有的采购和销售业务全部完成后才可以计提金额，本月若发生销售退回，必须先完成销售退回的账务处理后，才可做计提质量保证金的账务处理。

（1）计提质量保证金凭证录入。在图 3-105 界面，点击【总账系统】→【凭证录入】→【录入，稽查原始单据凭证】→【保存】。

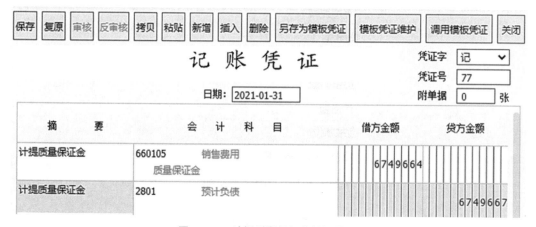

图 3-105 计提质量保证金凭证录入

（2）质量保证金会计科目新增。质量保证金会计科目需要手动增加，在图 3-106 界面，点击"增加"，手工输入科目代码和科目名称，即可完成科目新增。

2. 业务二：发生质量保证金业务

（1）查找质量保证金经济业务。在图 3-107 界面，点击【总账系统】→【凭证录入】→【录入记账凭证】→【保存】。

（2）录入质量保证金记账凭证。找到相关记录后，在图 3-108 界面，勾选原始凭证，点击"录入记账凭证"。

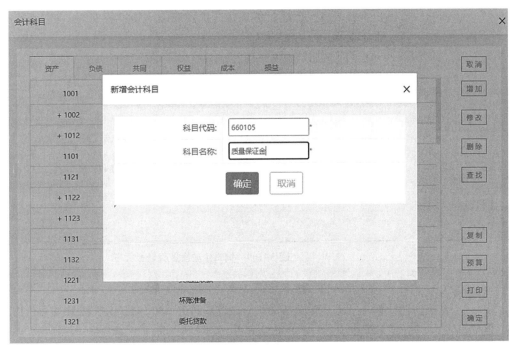

图 3-106 质量保证金会计科目新增

选择经济业务　　录入记账凭证

日期时间 20210301 至 20210331 🔍 查询

经济业务	业务起始日期	本期业务日期	单据数	未用	已用	操作
地税月申报	2021-03-02	2021-03-02	1	0	1	录入记账凭证
国税增值税申报	2021-03-02	2021-03-02	1	0	1	录入记账凭证
产品质量保证金	2021-03-31	2021-03-31	2	0	2	录入记账凭证
固定资产折旧	2021-03-31	2021-03-31	1	0	1	录入记账凭证

直接录入，无原始单据凭证

录入，稽核原始单据凭证

图 3-107 查找质量保证金业务

选择经济业务　　录入记账凭证

原始单据选择

经济业务	单据名称	日期	状态	☐
产品质量保证金	增值税专用发票	2019-03-29	未用	☑
产品质量保证金	银行进账单	2019-03-29	未用	☑

录入记账凭证

图 3-108 录入质量保证金记账凭证

（3）编辑生成质量保证金凭证。在图3-109界面,编辑生成质量保证金凭证,并点击"保存"。

图3-109　编辑生成质量保证金凭证

微课3-10:
月末计提工资

3. 业务三:月末计提工资

（1）进入总账系统。在图3-110界面,点击【快速开始】→【总账系统】。

图3-110　进入总账系统

（2）计提工资凭证录入。在图3-111界面,点击"凭证录入",打开凭证录入窗口。

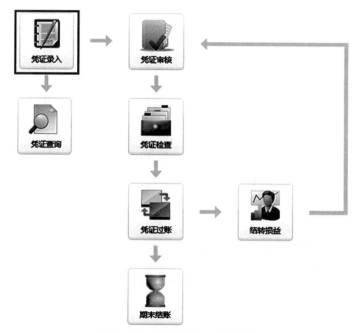

图3-111　总账系统-凭证录入

（3）录入稽核工资业务原始单据凭证。在图 3–112 界面，点击【凭证录入】→【录入，稽核原始单据凭证】→【计提分配工资】→【查询】→【录入记账凭证】→【保存】。

图 3–112　录入稽核工资业务原始单据凭证

（4）计提分配工资单据选择。在图 3–113 界面，原始单据选择处，选择"计提分配工资"。

图 3–113　计提分配工资单据选择

（5）录入记账凭证。点击图 3–113 界面的"查询"按钮，出现如图 3–114 所示的界面，点击"录入记账凭证"按钮。

选择经济业务	录入记账凭证				∨

原始单据选择　[计提分配工资 ▼]　🔍查询

经济业务	单据名称	日期	状态	☐
计提分配工资	工资汇总表	2021-01-31	未用	☑
计提分配工资	薪酬类费用表	2021-01-31	未用	☑
计提分配工资	工时汇总表	2021-01-31	未用	☑
计提分配工资	工资薪酬费用分配表	2021-01-31	未用	☑
				(录入记账凭证)

图 3-114　录入记账凭证

小思考:

生产线管理人员、生产人员、管理人员、销售人员和研发人员的工资应分别计入哪个会计科目?

（6）计提分配工资账务处理。计提分配工资的会计分录如下所示:

借:生产成本——某产品——直接人工
　　制造费用
　　销售费用
　　管理费用
　　研发支出
　贷:应付职工薪酬

4. 业务四:代扣个税和个人社保

代扣个税和个人社保的操作步骤为依次点击【选择经济业务】-【直接录入,无原始单据凭证】-【保存】。具体的会计分录如下所示:

借:应付职工薪酬——工资
　贷:其他应付款
　　　应交税费——应交个人所得税

5. 业务五:制造费用分配

微课 3-11:
制造费用分配

（1）查看制造费用项目及金额。在"总账系统"界面,查找图 3-115 所示的界面,点击【多栏式明细账】-【未过账】。

（2）新增制造费用多栏式明细账。点击如图 3-116 所示的"新增"按钮,新增制造费用多栏式明细账。

（3）设置制造费用多栏式明细账。选择多栏式明细账,设置会计科目为制造费用,如图 3-117 所示。点击"自动编排",出现如图 3-118 所示的制造费用多栏式明细账。

（4）录入制造费用记账凭证。在图 3-112 界面,点击"录入,稽核原始单据凭证",选择单据类型为"制造费用",点击"查询",进入如图 3-119 所示的界面,勾选相关单据,点击"录入记账凭证"。

账簿报表

总账		未过账	已过账

明细账		未过账	已过账
数量金额明细账		未过账	已过账
多栏式明细账		未过账	已过账

○ 试算平衡表	○ 科目余额表

○ 资产负债表	○ 利润表
○ 财务指标	○ 杜邦分析图

图 3-115　查看制造费用项目及金额

图 3-116　新增制造费用多栏式明细账

图 3-117　制造费用会计科目

日期	凭证字号	摘要	借方				
			低值易耗品	房屋租金	生产用电	生产用水	工资
2021-01-01	-	建账初始余额					
2021-01-31	记-39	期间费用	3590.19				
2021-01-31	记-159	制造费用	13628.32				
2021-01-31	记-168	分配制造费用					
2021-01-31	记-25	制造费用		30580.74			
2021-01-31	记-26	制造费用		30580.74			
2021-01-31	记-27	制造费用		30580.74			
2021-01-31	记-168	分配制造费用					
2021-01-31	记-163	制造费用			13628.32		
2021-01-31	记-168	分配制造费用					
2021-01-31	记-161	制造费用				10596.33	
2021-01-31	记-168	分配制造费用					
2021-01-31	记-166	分配工资					79440.00
2021-01-31	记-168	分配制造费用					
2021-01-31	-	本期合计	17218.51	91742.22	13628.32	10596.33	79440.00

图 3–118 设置制造费用多栏式明细账

经济业务	单据名称	日期	状态	☐
制造费用分配	制造费用分配	2021-01-31	未用	☑
制造费用分配	工时汇总表	2021-01-31	未用	☑

图 3–119 录入制造费用记账凭证

小思考:

制造费用分配账务处理中,如果系统提示"制造费用"余额将为负数,应该如何处理?

（5）完成制造费用分配账务处理。根据如图 3–118 所示的制造费用各明细金额和图 3–119 所示的制造费用分配和工时汇总表信息,完成制造费用分配账务处理。制造费用分配业务的会计分录为:

借:生产成本——某产品

　　贷:制造费用

提示:

　　在账务处理过程中,如果系统提示制造费用将为负数,说明账面上制造费用金额小于该账务处理过程中填写的制造费用金额,即假设账面制造费用为100元,分配制造费用账务处理中,贷方制造费用金额大于了100元,所以提示制造费用余额将为负数。

　　处理方法:检查制造费用分配表计算是否有误,检查账务处理金额填写是否有误。该项账务处理过程中,"制造费用"贷方金额应等于"多栏式明细账——制造费用"本期发生额。

6. 业务六:产成品入库

（1）产成品入库原始单据选择。点击【总账系统】-【凭证录入】-【录入,稽核原始单据凭证】-【产成品入库】,点击"查询",出现如图3-120所示的界面。

（2）查看完工产品与月末在产品成本分配表。若企业同时生成多种产品,则会出现多张完工产品与月末在产品成本分配表,如图3-121和图3-122所示。

微课 **3-12:**
产成品入库

3

经济业务	单据名称	日期	状态	☐
产成品入库	入库单（新增）	2021-01-17	未用	☑
产成品入库	入库单（新增）	2021-01-18	未用	☑
产成品入库	完工产品与月末在产品成本分配表	2021-01-31	未用	☑
产成品入库	完工产品与月末在产品成本分配表	2021-01-31	未用	☑

原始单据选择　产成品入库　🔍查询

选择经济业务　录入记账凭证

录入记账凭证

图 3-120　产成品入库原始单据选择

完工产品与月末在产品成本分配表
2021年01月31日

产品:　抽油烟机

成本项目	月初在产品成本	本月生产费用	合计	完工产品产量	月末在产品产量	月末在产品约当产量	单位成本	月末在产品成本	完工产品成本
直接材料	0.00	3706590.89	3706590.89	3706590.89	0.00	0.00	1302.39	0.00	3706590.89
直接人工	0.00	798193.80	798193.80	798193.80	0.00	0.00	289.46	0.00	798193.80
制造费用	0.00	197346.29	197346.29	197346.29	0.00	0.00	69.34	0.00	197346.29
合计	0.00	4702130.98	4702130.98	--	--	--	1661.19	0.00	4702130.98

图 3-121　完工产品与月末在产品成本分配表一

完工产品与月末在产品成本分配表

2021年01月31日

产品：电视机　▼

成本项目	月初在产品成本	本月生产费用	合　计	完工产品产量	月末在产品产量	月末在产品约当产量	单位成本	月末在产品成本	完工产品成本
直接材料	0.00	5428256.30	5428256.30	2464.00	800.00	800.00	1663.07	1330456.00	4097800.30
直接人工	0.00	840204.00	840204.00	2464.00	800.00	200.00	315.39	63078.00	777126.00
制造费用	0.00	246577.71	246577.71	2464.00	800.00	200.00	92.56	18512.00	228065.71
合计	0.00	6515038.01	6515038.01	--	--	--	2071.02	1412046.00	5102992.01

图 3-122　完工产品与月末在产品成本分配表二

小思考：

产成品入库账务处理中，如果系统提示"生产成本——××产品——直接材料/直接人工/制造费用"余额将为负数，应该如何解决？

（3）完成产成品入库账务处理 👆。根据图 3-120、图 3-121 和图 3-122 信息，完成产成品入库账务处理。该业务的会计分录为：

借：库存商品——某产品
　　贷：生产成本——某产品

> **提示：**
>
> 在结转完工产品成本账务处理中，产品的单位成本采用月末一次加权平均法计算，具体计算过程如下：某产品的单位成本=（期初在产品金额+本期入库金额）/（期初在产品数量+本期入库数量）。如果账务处理过程中，提示"生产成本——××产品——直接材料/直接人工/制造费用"余额将为负数，说明账面上"生产成本——××产品——直接材料/直接人工/制造费用"金额小于该账务处理过程中贷方填写的金额，即假设账面"生产成本——××产品——直接材料/直接人工/制造费用"为 100 元，在结转完工产品账务处理中，贷方"生产成本——××产品——直接材料/直接人工/制造费用"金额大于了 100 元，所以提示余额将为负数。
>
> **处理方法：** 检查产品成本分配表填写是否有误，检查账务处理金额填写是否有误。资金角色对该项账务进行处理时，"生产成本——××产品——直接材料/直接人工/制造费用"贷方金额应小于或等于"明细账——未过账——生产成本——××产品——直接材料/直接人工/制造费用"余额。

小思考：

产成品出库账务处理中，如果系统提示"库存商品"余额将为负数，应该如何解决？

7. 业务七：产成品出库

（1）产成品出库原始单据选择。点击【总账系统】-【凭证录入】-【录入，稽核原始单据凭证】-【产成品出库】，点击"查询"，出现如图 3-123 所示的界面。根据产成品出库单据，完成产成品出库账务处理 👆，结转已销产品成本记账凭证，如图 3-124 所示。

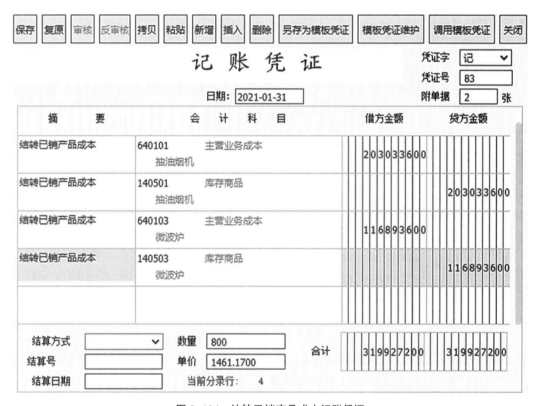

图 3-123 产成品出库原始单据选择

图 3-124 结转已销产品成本记账凭证

> **提示：**
> 如果账务处理过程中,提示"库存商品"余额将为负数,说明账面上"库存商品"数量或金额小于该账务处理过程中贷方填写的数量或金额,即假设账面"库存商品"为 100 元,结转销售成本账务处理中,贷方"库存商品"金额大于了 100 元,所以提示余额将为负数。
>
> **处理方法：**检查数量填写是否有误,检查账务处理金额填写是否有误。该项账务处理过程中,"库存商品"贷方金额应小于或等于"明细账——未过账——库存商品"余额。

3

8. 业务八：结转增值税和计提税金及附加

月末需要从明细账里查询应交税费——应交增值税中的进项税额和销项税额，判断是否应该计提城建税和教育费附加。

（1）情况一：本期销项税额 < 本期进项税额。

如果本期销项税额 < 本期进项税额，不需要作任何分录。

（2）情况二：本期销项税额 > 本期进项税额。

如果本期销项税额 > 本期进项税额，需要手工录入转出未交增值税和计提城建税和教育费附加账务处理。

小思考：

城建税和教育费附加的计税依据是什么？

9. 业务九：缴纳其他税费

在各月 15 号之前，资金管理需要缴纳上个月的各种税费。

（1）其他税费月申报业务查询。

在图 3-125 界面，点击【总账系统】-【凭证录入】-【录入记账凭证】，出现如图 3-126 所示的税费原始凭证，根据该原始凭证，完成其他税费缴纳账务处理。

经济业务	业务起始日期	本期业务日期	单据数	未用	已用	操作
地税月申报	2021-02-01	2021-02-01	2	2	0	录入记账凭证

图 3-125 其他税费月申报业务查询

（2）其他税费原始凭证。其他税费原始凭证如图 3-126 所示。

电子缴税付款凭证（建设银行）　电子缴税付款凭证（建设银行）

付款人全称：商务集团
付款人账号：43001003516000500012　征收机关名称：xxx
付款人开户银行：中国建设银行北京朝阳支行　收款国库（银行）名称：xxx
小写（合计）金额：￥62754.16　缴款书交易流水号：XXX
大写（合计）金额：陆万贰仟柒佰伍拾肆元壹角陆分　税票号码：XXX

税（费）种名称	所属时期	实缴金额
个人所得税 正常工资薪金	20210101 至 20210131	344.07
印花税 资金账簿	20210101 至 20210131	1250.00
印花税 借款合同	20210101 至 20210131	250.00
印花税 权利许可证照	20210101 至 20210131	5.00
印花税 货物运输合同	20210101 至 20210131	[illegible]
印花税 购销合同	20210101 至 20210131	[illegible]
印花税 财产租赁合同	20210101 至 20210131	[illegible]
印花税 加工承揽合同	20210101 至 20210131	165.09
印花税 仓储保管合同	20210101 至 20210131	8.82

中国建设银行 北京朝阳支行 2021.02 会计业务章 (05)

图 3-126 其他税费原始凭证

（3）手工录入其他税费记账凭证。根据其他税费记账凭证，编制以下会计分录：

借：应交税费——应交个人所得税

　　税金及附加

　　印花税

　　贷：银行存款

10. 业务十：计提折旧

（1）折旧业务选择。点击【总账系统】-【凭证录入】-【录入记账凭证】，如图 3-127 所示，选择固定资产折旧业务。

（2）计提折旧账务处理。计提折旧记账凭证如图 3-128 所示。

小思考：

业务初始化的第一个月是否需要计提折旧？

固定资产折旧	2021-01-31	2021-01-31	1	1	0	录入记账凭证

图 3-127 折旧业务选择

记账凭证

凭证字 记

凭证号 13

日期：2021-02-28   附单据 0 张

摘要	会计科目		借方金额	贷方金额
计提折旧	660211	管理费用 折旧摊销	2 0 7 3 4 5	
计提折旧	1602	累计折旧		2 0 7 3 4 5

图 3-128 计提折旧记账凭证

11. 业务十一：计提所得税

计提所得税记账凭证如图 3-129 所示，具体操作为依次点击【总账系统】-【凭证录入】-【录入记账凭证】。

记账凭证

凭证字 记

凭证号 13

日期：2021-02-28   附单据 0 张

摘要	会计科目		借方金额	贷方金额
计提所得税	6801	所得税费用	1 8 5 9 1 9 4 2 9	
计提所得税	222111	应交税费 应交所得税		1 8 5 9 1 9 4 2 9

图 3-129 计提所得税记账凭证

12. 业务十二：支付增值税

增值税支付业务在【总账系统】-【凭证录入】-【录入记账凭证】处，选择"国税增值税申报"，如图 3-130 所示，点击"录入记账凭证"，出现如图 3-131 所示的原始凭证。根据该原始凭证完成增值税支付账务处理，如图 3-132 所示。

13. 业务十三：支付机械维修费

支付机械维修费业务的原始凭证如图 3-133 所示，职业判断如图 3-134 所示。

特别提示：

机械维修费属于管理费用。

| 国税增值税申报 | 2021-02-01 | 2021-02-01 | 1 | 1 | 0 | 录入记账凭证 |

图 3-130　支付增值税业务选择

中国建设银行电子缴税付款凭证

转账日期: 20210201　　　　　　　　　　　　　　　　　　凭证字号: XXX

纳税人全称及纳税人识别号: 商务集团 911010576764198754
付款人全称: 商务集团
付款人账号: 43001003516000500012
付款人开户银行: 中国建设银行北京朝阳支行
小写(合计)金额: ¥692183.91
大写(合计)金额: 陆拾玖万贰仟壹佰捌拾叁元玖角壹分

征收机关名称: XXX
收款国库(银行)名称: XXX
缴款书交易流水号: XXX

税票号码: XXX

税(费)种名称	所属时期	实缴金额
增值税	20210101 至 20210131	692183.91

图 3-131　支付增值税原始凭证

记 账 凭 证

日期: 2021-02-28

凭证字: 记
凭证号: 2
附单据: 1　张

摘　　要	会 计 科 目	借方金额	贷方金额
缴纳增值税	222102　应交税费　未交增值税	69218391	
缴纳增值税	100201　银行存款　中国建设银行北京朝阳支行		69218391

图 3-132　支付增值税记账凭证

单据一

抵扣联　发票联

北京增值税专用发票

No XXXXXXX

开票日期: 2021年03月31日

| 购买方 | 名 称: 商务集团 纳税人识别号: 911010576764198774 地 址、电 话: 北京市朝阳区望和路11号, 010-82980920 开户行及账号: 中国建设银行北京朝阳支行43001003516000500012 | 密码区 | 3-65745<19458<38404811-270 3- 75/37503848*7>+>-2//51-2-3 99 |

货物或应税劳务、服务名称	规格型号	单位	数量	单价	金额	税率	税额
*劳务*机械维修费					44067.63	13%	5728.79
合　计					¥44067.63		¥5728.79

价税合计(大写)　⊗肆万玖仟柒佰玖拾陆元肆角贰分　　(小写)¥49796.42

| 销售方 | 名 称: 北京市方大机械维修公司 纳税人识别号: 911010856723122375 地 址、电 话: XXXXXXXXXX 开户行及账号: 中国工商银行北京海淀支行 1021000013400124453 | 备注 | |

收款人: XXX　　复核: XXX　　开票人: XXX

图 3-133　支付机械维修费 - 增值税专用发票

图 3-134 支付机械维修费 – 职业判断

【项目小结】

3

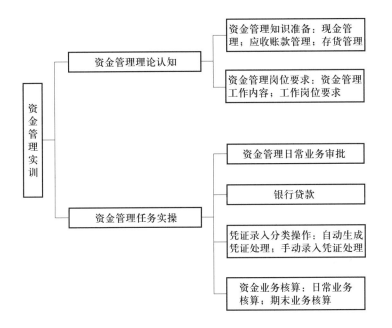

【拓展训练】

　　请登录财务管理综合实训平台,选择资金管理岗位,并与运营管理、成本管理、财务总监岗位一起,模拟一家主营家庭影院、电暖气和烤箱的家电企业,完成企业三个月的经营业务,资金管理岗位配合其他各岗位完成各月的日常业务核算和期末业务核算工作。

项目四 成本管理实训

【知识目标】

1. 掌握本量利分析基本模型。

2. 熟悉产品的保本分析、保利分析、利润敏感性分析和边际分析等知识内容。

3. 熟悉成本管理的主要工作内容。

【技能目标】

1. 能及时完成企业发票的开具和索取业务。

2. 能完成企业期末成本核算业务。

3. 能完成企业增值税、所得税及其他税费申报表的填制业务。

【素养目标】

（1）**树立依法纳税意识**。普及法制观念，树立法治意识，要求学生如实申报纳税，树立正确的纳税观念，增强个人和企业的社会责任感。

（2）**弘扬爱国情怀，培养社会责任感**。结合新冠肺炎疫情期间国家的一系列税费优惠政策，激发学生的爱国主义情操和民族自豪感。引导学生及时开具增值税专用发票，告诫学生虚开增值税专用发票是一种违法行为，增强学生诚信纳税的责任感，树立正确的价值观。

【引导案例】

2021年国家限电令出台原因分析

2021年,关于各地的限电政策成为全国各企业非常关注的一个话题。在国家提出"碳达峰、碳中和"政策以来,开始提倡减少使用化石能源,所以可取代煤炭、天然气以及石油等传统化石能源的更清洁的、高效能的电能成了未来的发展趋势。因此,不少传统行业在进行煤改电、气改电的生产改革,从而导致用电量急剧增加。受到新冠肺炎疫情的影响,海外制造业生产力下降,而我国对疫情的控制力度大,经济生活受影响程度比其他国家小,制造行业恢复迅速,因此订单量猛增,产量大幅上升,这也是需要更高的电力支持的原因。

根据2021年政府工作报告提出的目标,在"十四五"期间,每单位国内生产总值能耗降低13.5%,二氧化碳排放降低18%。2021年发展主要预期目标中,也明确提出"单位国内生产总值能耗降低3%左右"。但是,根据国家发改委公布的消息,2021上半年共有九个省区能耗强度同比不仅没有下降,反而上涨了,节能形势依然非常严峻。为了应对此种情况,国家发改委要求,督促这九个省区采取有力措施,确保完成能耗强度降低目标。各地实行限电限产政策的主要原因有二。

限电限产原因一:能耗双控。国家发改委明确了能耗双控制度的总体安排,要求各地区采取有力措施,确保完成全年能耗双控目标,特别是能耗强度降低目标任务。由此一级、二级预警省市为了完成能耗下降目标,从上到下层层落实,不断加码,才让限电停产成为现实。

限电限产原因二:经济转型。实行限电政策还可以加速淘汰落后产能,加快产业结构升级。在全球贸易对中国依赖性加大的关键时期,可以倒逼外贸企业主动提价,增加其议价权,防止产能无序扩大,在其他各国通货膨胀严重的关键时期保持战略定力。

启示: 为配合国家建设节约型社会的战略决策,响应国家"碳达峰、碳中和"战略目标,企业应作好建设节约型企业的规划,打造节约型企业,以提高资源利用效率和工作效率为中心,以节水、节电、节材、节油为重点,加强制度规范、强化节约意识,培育节约行为。企业员工应该从自己做起,从身边事做起,养成自觉节约每一度电、每一滴水、每一张纸的良好习惯,提高企业员工的社会责任感,在企业内形成"节约资源,人人有责"的良好氛围。

小思考:

从成本管理的角度,如何看待企业因配合建设节约型企业,前期增加的环境保护的成本费用?

任务一　成本管理理论认知

一、成本管理知识准备

（一）本量利分析认知

1. 本量利分析概念及相关假设

本量利分析（cost-volume-profit analysis）是成本 – 业务量 – 利润关系分析的简称，是指在成本习性分析的基础上，以数理化的会计模型与图式来揭示固定成本、变动成本、销售量、单价、销售额、利润等变量之间的内在规律性联系，为会计预测、决策和规划提供必要的财务信息的一种定量分析方法。本量利分析可以帮助运营管理了解各产品的保本量和保本额，同时，结合市场销售订单情况，了解产品的安全边际率以及盈利能力分析，为企业后续的运营管理提出建议。

本量利分析所构建和使用的有关数学模型和图形，是以下列基本假设为前提条件的。

（1）成本性态分析 ☣ 的假设。假定成本性态分析工作已经完成，全部成本已经被区分为变动成本与固定成本两部分，有关的成本性态模型已经构建完成。

（2）相关范围及线性相关假设。假定在相关范围内固定成本总额和变动成本单位额保持不变，成本函数表现为线性方程。同时，在相关范围内，产品单价也不因产销业务量的变化而改变，销售收入也表现为线性方程。

（3）产销平衡的假设。产销基本平衡，即期初、期末的产成品存货数量不变，指生产出来的产品总是可以找到市场出售，实现产销平衡。强调这一点是因为产量的变动会影响到成本的高低，而销量的变动则影响到收入的多少。

（4）产销品种结构稳定的假设。这种假设仅与同时生产和销售多种产品的企业有关，其定义是假定在产销多种产品的情况下，各种产品的产销额占全部产品产销总额的比重不变。强调这一点是为了减少问题的复杂性，由于每种产品的边际贡献率不等，对企业的利润和盈亏临界点都会产生一定的影响。

（5）变动成本法 ☣ 的假设。假定产品成本是按变动成本法计算的，即产品成本中只包括变动生产成本，而所有的固定成本（包括固定制造费用在内）均作为期间成本处理。

以上假设有一个共同点，就是假设进行本量利分析时所需的数据在相关范围内基本处于静止状态。有了上述假设，就可以十分便利地使用简单的数学模型或图形来揭示成本、业务量和利润等诸因素之间联系的规律性。

⚖ 微课 4-1：

本量利分析认知

☣ **知识卡片：**

成本性态分析： 指在成本性态分类的基础上，按一定的程序和方法，将全部成本最终区分为固定成本和变动成本两大类，并建立相应的成本函数模型。

4

☣ **知识卡片：**

变动成本法： 将一定时期所发生的成本按照其成本性态，将生产成本分为变动成本和固定成本两大类，即分为变动生产成本（即直接材料、直接人工和变动制造费用）和固定生产成本（固定制造费用），然后将固定生产成本和非生产成本（期间费用）全部作为期间成本。

2. 本量利分析的基本公式

本量利分析所考虑的相关因素主要包括固定成本、单位变动成本、销售量、单价、销售收入和营业利润等。

$$
\begin{aligned}
营业利润 &= 销售收入 - 总成本 \\
&= 销售收入 - 变动成本 - 固定成本 \\
&= 边际贡献 - 固定成本 \\
&= (单价 - 单位变动成本) \times 销售量 - 固定成本 \\
&= 单位边际贡献 \times 销售量 - 固定成本
\end{aligned}
$$

由于本量利分析的数学模型是在上述公式的基础上建立起来的，故可将该式称为本量利关系基本公式。

特别理解：

边际贡献也称贡献毛益、边际利润。单位边际贡献，表示每增加一个单位的产品销售可为企业带来的贡献。

（二）保本分析

保本是指企业经营状况正好处于不盈不亏的状态。保本分析是指基于本量利基本关系原理分析确定企业盈亏平衡点，了解有关因素变动对盈亏平衡点的影响，为决策提供企业盈亏临界点等信息。

盈亏临界点亦称保本点，是指企业收入和成本相等的经营状态，即边际贡献等于固定成本时企业所处的既不盈利又不亏损的状态。保本点主要有保本销售量（简称保本量）和保本销售额（简称保本额）两种表现形式，前者以实物计量单位表示，后者以货币计量单位表示。以本量利分析的基本公式为基础，令利润为零，就可以计算出保本点的销售量和销售额。

微课4-2：

保本分析

我们可以将成本、销量、利润的关系通过直角坐标系进行展示，基本的本量利分析图如图4-1所示，该图能清晰地展示企业不亏不盈状态下应该达到的产销量，所以也被称作盈亏临界图，用图示表达本量利关系，更形象直观，便于理解。

计算公式

保本量＝固定成本/(单价-单位变动成本)

保本额＝销售单价 × 保本量。

此外，保本分析相关的主要指标还有保本作业率、安全边际和安全边际率。

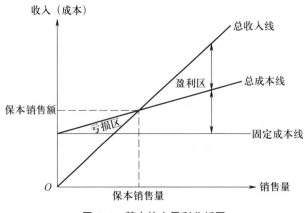

图4-1　基本的本量利分析图

保本作业率 🔒,也称盈亏临界点作业率,是指保本点销售量占企业实际或预计销售量的比重。

$$保本作业率=保本点销售量/实际或预计销售量$$

该比率表明企业保本的业务量在实际或预计业务量中所占的比重。安全边际 ☢,是指实际或预计的销售额超过保本点销售额的差额,表明企业能保持不亏损状态的最低销售额。

$$安全边际=实际或预计销售额(量)-保本销售额(量)$$
$$安全边际率=安全边际额(量)/实际或预计销售额(量)$$

安全边际和安全边际率的数值越大,企业发生的亏损的可能性越小,企业就越安全。安全边际如图4-2所示。

特别理解:

由于多数企业生产经营能力与实际或预计销售量基本相同,所以,保本作业率还表明保本状态下的生产经营能力的利用程度。

知识卡片:

安全边际是"危险边际"的对称,是现有销售量或预计未来可以实现的销售量与盈亏平衡点销售量之间的差额。

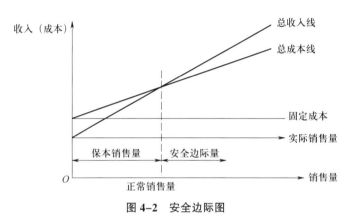

图 4-2 安全边际图

基本的本量利分析图表达的意义有以下几点:

(1)保本点不变时,销售量超过保本点就能盈利,销售量越多,实现的利润就越多;反之,销售量低于保本点则发生亏损,且销售量越少,亏损额(亏损区面积)就越大。

(2)在销售量不变的情况下,保本点越低,产品的盈利能力越大,亏损可能性越小;反之,保本点越高,产品盈利能力就越小,亏损可能性越大 👍。

(3)在销售收入不变的情况下,保本点的高低受到固定成本总额或单位变动成本大小的影响,固定成本总额或单位变动成本越小,保本点越低;反之,保本点越高。

(4)在总成本线不变时,保本点受销售收入线斜率(即单价)的影响,销售单价越高,销售收入线斜率越大,保本点越低;反之,保本点越高。

(三)保利分析

保利,就是确保目标利润的实现,保利分析是基于本量利基本关系原理进行的确保达到既定的目标利润的分析。保本分析是以企业利润为零即不亏不盈的状态为前提的,然而,企业不会满足于盈亏平

小思考:

在销售量不变的情况下,保本点越高,产品的盈利能力越大还是越小呢?

微课 4-3:

保利分析

衡，需要有盈利目标，否则就无法生存和发展。因此，将目标利润引进本量利分析模式，在以目标管理为基本特征的现代企业管理中具有重要意义。通过保利分析，企业可以确定为实现目标利润而应达到的目标销售量和目标销售额，从而确定目标生产量、目标生产成本以及目标资金需要量等指标，为企业实施目标控制奠定基础，为企业短期经营决策明确方向。

保利点是指在产品单价和成本水平确定的情况下，为确保目标利润的实现而应达到的销售量或者销售额的总称。保利点一般有两种表述形式：保利量和保利额。为保证目标利润的实现，目标利润应与固定成本一样，均需由边际贡献来补偿，所以，根据本量利基本模型，目标利润、保利量和保利额公式如下所示：

目标利润＝（单价－单位变动成本）× 销售量－固定成本总额

保利量＝（固定成本＋目标利润）/（单价－单位变动成本）
　　　　＝（固定成本＋目标利润）/ 单位边际贡献

保利额＝（固定成本＋目标利润）/ 边际贡献率

保利点和保本点的区别在于保利点计算过程中的分子项比保本点计算过程中的分子项多了目标利润。这是因为在保利分析中，目标利润和固定成本一样，均需由边际贡献来补偿。

（四）利润敏感性分析

在前述的保本分析和保利分析中，隐含着一个假设条件，即除了待求变量外的其他参数都是确定不变的。但实务中，由于商品市场的变化（譬如供求数量、原材料价格、产品价格等的变动）和企业生产技术条件的变化（譬如原材料消耗、工时消耗水平等的变动），都会引起模型中的参数发生变化，势必对原已计算的盈亏临界点、目标利润或目标销售量产生影响。经营者希望能事先预知与掌握有关参数可能变化的影响程度，以便在变化发生时及时采取对策，调整企业计划，能够使生产经营活动始终控制在最有利的状态。而敏感性分析是解决类似问题的一种可取的方法。

基于本量利关系的利润敏感性分析，主要研究分析有关参数发生多大变化时会使企业从盈利状态转为亏损状态，各参数变化对利润变化的影响程度，以及各因素变动时企业应如何调整应对，以保证原目标利润的实现。销售单价、单位变动成本、产销量和固定成本的变化，会影响利润的高低。这种变化达到一定程度，企业利润会消失，进入盈亏临界状态，使得企业的经营状况发生质变。敏感性分析的目的之一，就是提供能引起目标发生质变的各参数变化的界限，这种方法称为最大最小法。

销售单价、单位变动成本、产销量和固定成本等各因素都会引起利润的变化，但其影响程度各不相同。有的参数发生微小变化，就会使利润发生很大的变动，利润对这些参数的变化十分敏感，我们称这类参数为敏感因素;与此相反,有些参数发生变化后,利润的变化不大,反应比较迟钝,这一类为不敏感因素。利润敏感性分析是指对影响目标利润实现的各因素,例如销售单价、单位变动成本、产销量和固定成本等进行量化分析,以确定各因素变化对目标利润的敏感程度。

反映敏感程度的指标是敏感系数,敏感系数的计算公式如下所示:

$$敏感系数 = 目标利润变动百分比 / 某因素变动百分比$$

单价、单位变动成本、销售量和固定成本这四个因素中,任意一个因素的变动都会对利润产生影响。在生产多品种产品的企业,产品品种结构变动也会影响目标利润的实现。因此,企业需要从影响目标利润实现的各相关因素出发,采取相应的措施,以保证目标利润的实现。

根据公式:

$$目标利润 = (单价 - 单位变动成本) \times 产销量 - 固定成本$$

可以得出以下结论:

(1)单价的变动引起销售收入变化,从而正向影响利润。即在其他因素不变的情况下,单价提高,利润增加;反之,单价降低,利润减少。

(2)单位变动成本的变化引起变动成本总额变化,从而反向影响利润。即在其他因素不变的情况下,单位变动成本降低,利润增加;反之,单位成本增加,利润减少。

(3)产销量的变动引起边际贡献总额变化,从而正向影响利润。即产销量越大,利润越高。

(4)固定成本与利润是此消彼长的关系,固定成本总额下降,则利润上升。

(5)企业可以通过提高单价、降低单位变动成本、提高产销量、压缩固定成本等方式保证目标利润的实现。

(五)边际分析

边际分析是指分析某可变因素的变动引起其他相关可变因素变动的程度的方法。该方法可以用于评价既定产品或项目的获利水平,判断其盈亏临界点,从而提示营运风险,支持营运决策。当企业面临资源约束,需要对多个产品或多种产品进行优化决策或对多种待选新产品进行生产决策时,可以通过计算边际贡献以及边际贡献率,评价待选产品的盈利性,优化产品组合。边际分析工具方法的应用思路通常是把追加的支出和因此增加的收入相比较,当二者相等时,企业的目标利润最大,并以此判断项目的优劣。

边际分析涉及边际收入、边际成本和边际利润三个因素。边际收入是指每增加一个单位的产品所引起的收入增量,边际成本是指每增加一个单位的产品所引起的成本增量,边际利润是指每增加一个单位的产品所带来的利润(或边际贡献)增量。三者之间的关系可表述为:

$$边际利润 = 边际收入 - 边际成本$$

微课4-5:
边际分析

边际分析方法主要有边际贡献分析法、差量分析法和成本无差别点分析法三种。

1. 边际贡献分析法

边际贡献分析法　是通过比较各备选方案的边际贡献大小来确定最优方案的决策方法。当收入减去变动成本后的边际贡献越大，边际贡献补偿固定成本后的利润就越大。因此，备选方案边际贡献的大小反映了该方案对企业目标利润的贡献大小，如果以利润作为价值标准进行决策分析，只需要比较各备选方案能够提供的边际贡献的大小即可。

边际贡献指标一般包括边际贡献总额、单位边际贡献、边际贡献率、剩余边际贡献和单位资源边际贡献。边际贡献分析法在应用过程中需注意：

（1）当各备选方案不需追加专属固定成本　时，且资源不受约束时，应采取比较边际贡献总额的大小进行决策，选择边际贡献总额较大的方案。具体计算公式如下：

$$边际贡献总额 = 销售收入 - 变动成本$$

（2）当备选方案需要追加专属固定成本，且资源不受约束时，则应比较备选方案剩余边际贡献的大小，选择剩余边际贡献较大的方案。具体计算公式如下：

$$剩余边际贡献 = 销售收入 - 变动成本 - 专属成本$$

（3）当备选方案资源受约束时，则应采取比较各备选方案单位资源边际贡献的大小进行决策，选择单位资源边际贡献较大的方案。

2. 差量分析法

差量分析法是通过比较两个备选方案的差量收入和差量成本的大小从而进行最优方案选择的一种方法。差量是指各种不同的备选方案之间的差异，具体分为差量收入、差量成本和差量利润。差量收入是一个备选方案的预期收入与另一个备选方案的预期收入的差异数；差量成本是一个备选方案的预期成本与另一个备选方案的预期成本的差异数；差量利润是差量收入与差量成本之间的差额　。其计算公式如下所示：

$$差量收入 = 甲方案的收入 - 乙方案的收入$$
$$差量成本 = 甲方案的成本 - 乙方案的成本$$
$$差量利润 = 差量收入 - 差量成本$$

3. 成本无差别点分析法

成本无差别点分析法是指各备选方案的相关收入均为零，相关业务量均为不确定因素时，通过判断处在不同水平上的业务量与成本无差别点业务量之间的关系，作出互斥方案决策的一种方法。

当业务量小于成本无差别点业务量时，固定成本低的方案为优；

当业务量大于成本无差别点业务量时,固定成本高的方案为优。

二、成本管理岗位要求

在财务管理综合实训平台,成本管理岗位主要负责企业发票管理、成本核算与管理、企业日常业务付款审批及企业涉税业务处理。在岗位任务设置中,主要考核成本核算与管理、纳税申报业务处理等会计业务基本核算专业技能。其具体工作要求有以下几点:

（1）合理规划资金流出,加强资金管控。

（2）加强成本控制和管理,提供成本核算数据,并进行成本分析,对降低成本提出合理化建议。

（3）负责对产品成本出现的异常情况进行跟踪,并及时向总监反馈。

（4）负责了解、咨询、解读各项税收政策、法规与实施细则,结合公司经营业务做好筹划与纳税等工作。

（5）负责税务发票的申领工作,以及公司各种发票、收据的保管、领用、缴销等工作。

（6）合法纳税,定期进行纳税自查工作,合理规避纳税风险。

任务二　成本管理任务实操

一、岗位业务审批

（一）成本管理岗位登录

各组根据账号密码登录平台,选择成本管理岗位。

（二）业务审批

成本管理日常业务审批会在系统中的"今日任务"中显示,如图4-3所示,操作流程如下为点击【待办事项】→【审批通过】。

今日任务　租赁生产线固定资产[电视机生产线B型],一次性付款(第一季度),总金额:960000.00

2021-01-01　¥ 960000.00　　　　　　　　　　　　　审批通过

图4-3　成本管理日常业务审批

二、购销发票管理

成本管理岗位,每天应及时登录共享服务中心界面,进行采购发票的索取和销售发票的开具工作。

采购发票索取流程如图4-4所示,点击【发票管理】→【发票索取】,完成索取发票,点击"集中认证"。认证结束后,返回上一界面,点击"提交报账"。该项发票将会在共享服务中心界面传递给资金管理角色,由资金管理角色进行账务处理。

微课4-6:
购销发票管理

操作类型	合同名称	交易日期	开票日期	状态	操作
购买原材料	采购原材料[微波炉辅材]数量[2000.00]	2021-01-13	2021-01-19	未完成	索取发票 | 查看发票
购买原材料	采购原材料[微波炉面板]数量[2000.00]	2021-01-13		已完成	索取发票 | 查看发票

图 4-4　采购发票索取流程

销售发票开具流程如图 4-5 所示,查找未开具发票的合同信息,点击"开具发票"。

合同名称	客户名称	合同产品	产品数量	到期时间	发货时间	操作
抽油烟机订单200-01	北京乐家电器商场	抽油烟机	200	2021-01-21	2021-01-18	开具发票

图 4-5　销售发票开具流程

采购发票索取和销售发票开具完成后,可点击如图 4-6 所示的界面中的"提交报账",完成后相关发票便已提交至资金管理处。

图 4-6　采购发票和销售发票提交报账

三、日常成本核算

在完全成本法下,产品成本的构成包括直接材料、直接人工和制造费用。因此,要完成产品成本分配表的编制,需要先完成工资薪酬费用、制造费用的分配。由于材料费用能够被明确区分是属于哪种产品的,所以在实训平台中无需对材料费用进行归集分配。成本管理岗位的日常成本核算任务,应该在资金管理角色完成本月日常业务账务处理之后,才能由成本管理角色在共享服务中心界面进行操作。具体操作过程如下:

微课4-7:
工资薪酬费用分配

(一)工资薪酬费用分配

新增工资薪酬费用分配表,点击【会计核算】→【成本核算】,出现如图 4-7 所示的界面,根据后附的如图 4-8 所示的原始凭证填写工资薪酬费用分配表。

填制成本计算表

日　期：2021 ∨ 年 01 ∨ 月　　　　　单　据：工资薪酬费用分配表 ∨

新增

工资薪酬费用分配表

2021 年 1 月 31 日　　　　　　　　　　　单位：元

应借科目		成本或费用项目	直接计入	分配计入		工资费用合计
				分配标准	分配金额（分配率）	
生产成本	抽油烟机	直接人工	0.00	3 420.00	233.29	798 193.80
生产成本	电视机	直接人工	0.00	3 600.00	233.29	840 204.00
生产成本	微波炉	直接人工	0.00	3 240.00	233.29	756 162.20
生产成本	小计	—	0.00	10 260.00	0.00	2 394 560.00
管理费用	—	工资	26 480.00	0.00	0.00	0.00
销售费用	—	工资	141 160.33	0.00	0.00	0.00
制造费用	—	工资	79 440.00	0.00	0.00	0.00
研发支出	—	工资	0.00	0.00	0.00	0.00
其他业务成本	—	工资	0.00	0.00	0.00	0.00
其他业务成本	—	工资	0.00	0.00	0.00	0.00
合计	—	—	247 080.33	—	—	2 394 560.00

图 4-7　工资薪酬费用分配

小思考：

生产线管理人员、管理人员和销售人员的工资应分别计入哪个科目？

工时汇总表

2021 年 1 月 31 日

产品品种	机械工时（天）	人工工时（天）
抽油烟机	19.00	3 420.00
电视机	18.00	3 600.00
微波炉	18.00	3 240.00
合计	55.00	10 260.00

计提分配工资

单位：商务集团　　　　　　　　　　　　　　　　　　　　日期：20210131

部门名称	人员类别	人数	工资	工会经费	福利费	职工教育经费	社保单位部分	总和
生产部	生产人员	560	1 680 000.00	33 600.00	280 000.00	33 600.00	367 360.00	2 394 560.00
销售部	销售人员	10	126 470.91	2 529.42	5 000.00	600.00	6 560.00	141 160.33
综合管理部	管理人员	5	20 000.00	400.00	2 500.00	300.00	3 280.00	26 480.00
生产部	生产线管理人员	15	60 000.00	1 200.00	7 500.00	900.00	9 840.00	79 440.00
合计		590	1 886 470.91	37 729.42	295 000.00	35 400.00	387 040.00	2 641 640.33

图 4-8　工时汇总表和计提分配工资表

> **提示：**
> ① 产成本工资分配率＝生产人员工资总和/人工总工时（例：233.39=2 394 560.00÷10 260）。
> ② 某种产品的成本＝分配率 × 分配标准（分配标准即该种产品的人工工时）。

微课 4-8：
制造费用分配表

（二）制造费用分配

新增制造费用分配表，点击【会计核算】→【成本核算】，新增制造费用分配表，如图 4-9 所示，根据后附的各产品机器工时信息，完成该表填写。

制造费用分配表

车间：　　　　　　　　　　2021 年 1 月　　　　　　　　单位：元

分配对象	分配标准 （　　55　　）	分配率 （　3 865.92　）	分配金额
抽油烟机	19	3 865.92	73 452.48
电视机	18	3 865.92	69 586.56
微波炉	18	3 865.92	69 586.34

图 4-9　制造费用分配表

小思考：
如果同时生产多种产品，在填写制造费用分配金额时，若出现尾数误差，则应如何处理？

> **温馨提示：**
> ① 如果生产多种产品，制造费用需要按照机器工时在多种产品之间进行分配，如果企业只生产一种产品，则制造费用全部计入该种产品成本即可。
> ② 制造费用分配标准为机器工时，分配率＝制造费用总和/分配标准。
> ③ 某种产品的制造费用分配金额＝该种产品分配标准 × 产品成本分配率。

（三）产品成本分配表编制

在完成上述两项费用的分配后，成本管理角色可以填写完工产品与月末在产品成本分配表。具体流程如下：点击【会计核算】→【成本核算】，新增产品成本分配表，如图 4-10 所示。

每种产品的完工产品与月末在产品成本分配表的具体填写过程如下：

（1）月初在产品成本项目填写。月初在产品成本为上月月末在产品成本，可通过查询上月产品成本分配表获取。

完工产品与月末在产品成本分配表

2021 年 01 月 31 日

产品：电视机 ∨

成本项目	月初在产品成本	本月生产费用	合计	完工产品产量	月末在产品产量	月末在产品约当产量	单位成本	月末在产品成本	完工产品成本
直接材料	0.00	5 428 256.30	5 428 256.30	2 464.00	800.00	800.00	1 663.07	1 330 456.00	4 097 800.30
直接人工	0.00	840 204.00	840 204.00	2 464.00	800.00	200.00	315.39	63 078.00	777 126.00
制造费用	0.00	246 577.71	246 577.71	2 464.00	800.00	200.00	92.56	18 512.00	228 065.71
合计	0.00	6 515 038.01	6 515 038.01	–	–	–	2 071.02	1 412 046.00	5 102 992.01

图 4-10　完工产品与月末在产品成本分配表

（2）本月直接材料金额填写。每种产品的直接材料金额可在生产成本明细账中查看。

（3）本月直接人工金额填写，每种产品的直接人工金额可在生产成本明细账中查看。

（4）本月制造费用金额填写。每种产品的制造费用 🔊 金额包含直接计入该产品的制造费用和分配计入该产品的制造费用，也可在生产成本明细账中查看。

小思考：

分配计入某产品的制造费用通常包括哪些内容？

（5）完工产品产量填写。本月完工产品产量为本月各入库单数量之和。

（6）月末在产品产量及约当产量填写 🔊。月末在产品产量及约当产量查询方法如图 4-11 所示，点击【信息管理】→【生产状态】，出现如图 4-12 所示界面，用产成品比例来计算约当产量（例电视机生产数量 800 件，产成品比例 40%，月末直接人工和制造费用在产品约当产量 =800×40%=200（件），直接材料一次性投入，因此，直接材料约当产量为 800 件）。

小思考：

如果本月发生退货，在完工产品产量计算中，是否应扣减因退货入库的产品数量？

（7）单位成本、月末在产品成本和完工产品成本填写。具体计算公式为：

单位成本 = 生产费用合计 /（完工产品产量 + 月末在产品约当产量）

（四）固定资产明细登记

成本管理人员需要填写固定资产明细表，具体操作流程如下：在共享服务中心界面，点击【会计核算】→【成本核算】，新增固定资产明细表，如图 4-13 所示。

4

图 4-11　生产状态查看

产品编号	产品名称	批次号	生产线	废品率	生产数量	生产人员数	开始日期	结束日期	已生产天数	剩余天数	产成品比例
CYYJ	抽油烟机	CYYJ-20210130-007	抽油烟机生产线A型	0.50%	150	180	2021-01-30	2021-01-31	1	0	100%
DSJ	电视机	DSJ-20210129-006	电视机生产线A型	0.50%	800	200	2021-01-29	2021-02-03	2	3	40.00%

图 4-12　产成品变动记录查看

固定资产明细表

序号	固定资产类别	固定资产名称	数量	固定资产原值	折旧年限（月）	残值率	固定资产月折旧额	累计折旧额	固定资产净值
1	房产	办公用房A	1		240	0.00			
2		小计							
3	电子产品	笔记本电脑	15		36	0.00			
4		复印机	1		36	0.00			
5		打印机	1		36	0.00			
6		小计							

保存

图 4-13　固定资产明细表

> **提示：**
> 我国会计准则规定：当月增加的固定资产，当月不计提折旧，从下月起计提折旧；当月减少的固定资产，当月照提折旧，从下月起不提折旧。

（1）固定资产原值填写。在"业务管理-固定资产管理"处，可以查询固定资产原值。

（2）固定资产月折旧额填写。根据《中华人民共和国企业所得税法实施条例》第六十条规定：除国务院财政、税务主管部门另有规定外，固定资产计算折旧的最低年限如下：（一）房屋、建筑物，为

20 年;（二）飞机、火车、轮船、机器、机械和其他生产设备,为 10 年;（三）与生产经营活动有关的器具、工具、家具等,为 5 年;（四）飞机、火车、轮船以外的运输工具,为 4 年;（五）电子设备,为 3 年。

（3）固定资产累计折旧填写。累计折旧为各月折旧之和。

（4）固定资产净值填写。固定资产净值等于原值减去已经计提的累计折旧。

四、期末纳税申报

企业的纳税申报,包括增值税及所得税申报和其他税费的申报 ☢。增值税及所得税申报,在月度、季度和年度分别申报。月度申报在次月的 15 日前必须进行申报,季度申报在次季度第一个月的 15 日前进行申报,所得税汇算清缴在次年的 5 月 31 日前必须申报完毕。系统在申报最后一天会提示会计进行申报。

1. 增值税月申报

增值税月申报具体操作流程如下：点击【税务管理】,选择"增值税及所得税申报 – 月申报",点击"立即申报",如图 4-14 所示。

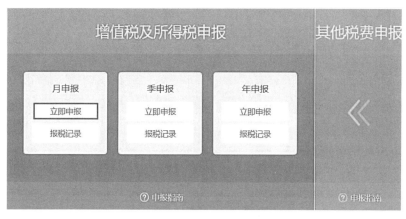

图 4-14 增值税月申报界面

2. 其他税费月申报

每个月 15 号前,企业需要申报上月其他税费。为了方便学生申报,系统整合了其他税费申报表,月度申报在一个界面即能申报企业所需的所有其他税种,申报过程如下：

① 点击【税务管理】→【其他税费申报】,选择月申报【立即申报】;② 点击"保存";③ 审批提交。点击"税务管理",选择"其他税费申报 – 月申报",点击"立即申报",如图 4-15 和图 4-16 所示,选择"审批提交"。

3. 增值税及所得税季申报

增值税及所得税季度申报操作流程如图 4-17 所示,点击"税务管理",选择"增值税及所得税申报 – 季申报",选择"立即申报"。

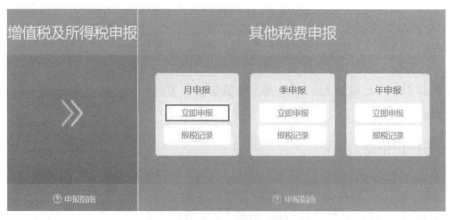

图 4-15 其他税费月申报界面

其他税费月申报表

税种	税目	计税金额（数量）	税率（%）	单位税额	应纳税额
个人所得税	正常工资薪金		-	-	0.00
印花税	产权转移书据		0.050	-	0.00
	资金账簿		0.025	-	0.00
	借款合同		0.005	-	0.00
	权利许可证照		-	5.00	0.00
	货物运输合同		0.050	-	0.00
	购销合同		0.030	-	0.00
	财产租赁合同		0.100	-	0.00
	加工承揽合同		0.050	-	0.00
	仓储保管合同		0.100	-	0.00
城建税			7.000	-	0.00
教育费附加			3.000	-	0.00
合计		-	-	-	0.00

本企业个人所得税申报方式为汇总申报，财务人员根据企业实际缴纳税款作为缴税基数填写。

图 4-16 其他税费月申报截图

图 4-17 增值税及所得税季申报界面

4. 申报记录查看

成本管理角色在申报完成后,可以在申报历史记录列表中进行相关操作,如图 4-18 所示:

增值税及所得税报税历史记录

序号	报税项目	报税时间	报税金额	审批状态	操作
1	增值税报税	20210201	692183.91	未提交	查看 修改 删除 审批提交 查看回单

图 4-18 申报记录查看

初始状态为"待审批状态",点击操作栏中的"查看"按钮可以查看已提交的申报表单的详细内容,但不能做任何其他操作。"修改"按钮能显示申报表单详情的同时,允许会计对内容进行修改。"审批提交"钮将生成待办提示信息,提醒财务总监及时对申报表进行审批。

在财务总监审批通过并纳税提交后,点击"查看回单"按钮可以显示相应的单据。财务总监可以对申报记录进行审批并提交,完成纳税申报业务。

【项目小结】

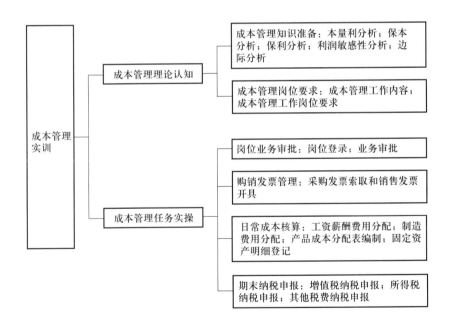

【拓展训练】

请登录财务管理综合实训平台,选择成本管理岗位,并与运营管理、资金管理、财务总监岗位一起,模拟一家主营家庭影院、电暖气和烤箱的家电企业,完成企业三个月的经营业务,成本管理岗位配合其他各岗位完成各月末的成本核算和月初的纳税申报工作。

项目五　财务总监实训

【知识目标】

1. 掌握主要的财务预算编制内容。

2. 掌握财务分析指标体系。

3. 熟悉财务总监的主要工作内容。

【技能目标】

1. 能完成企业财务预算的编制及分析。

2. 能根据财务指标对企业运营情况进行分析。

3. 能完成期末的结账业务。

4. 能完成企业增值税、所得税及其他税费的申报业务。

【素养目标】

（1）**培养大局意识、担当精神**。财务总监应有一定的大局意识，其负责企业财务预算的编制，总体管控企业各项财务决策活动，要善于从全局高度、用长远眼光观察市场形势，了解企业内外部情况。引导学生发扬担当精神，在校积极参加各项活动，能吃苦，敢当担，发挥学生党员、学生干部的模范带头作用。

（2）**加强社会责任感和诚信教育**。企业财务报告会影响到投资者、债权人、政府等相关使用者的决策活动，信息失真会带来一系列的不良影响，且相关人员需要承担相应的社会责任。所以，在学习过程中，要引导学生及时对外提供正确的财务信息，不能为了追求利益而虚构财务活动，报表编制过程应注重社会责任感教育和诚信教育。

【引导案例】

机制是关键

有七个人曾经住在一起,每天分一大桶粥。但是,粥每天都是不够的。

一开始,他们抓阄决定谁来分粥,每天轮一个。于是每周下来,他们只有一天是饱的,就是自己分粥的那一天。后来他们开始推选出一个道德高尚的人来分粥。强权难免产生腐败,大家开始挖空心思去讨好他,贿赂他,搞得整个小团体乌烟瘴气。然后大家开始组成三人的分粥委员会及四人的评选委员会,但他们常常互相攻击,扯皮下来,粥吃到嘴里全是凉的。他们最后想出来一个方法:轮流分粥,但分粥的人要等其他人都挑完后拿剩下的最后一碗。为了不让自己吃到最少的,每人都尽量分得平均,就算不平均,也只能认了。这个方法实施后,大家都和和气气,日子越过越好。

启示:同样是七个人,不同的分配制度,就会有不同的风气。所以一个公司如果有不好的工作习气,很有可能是机制问题,没有完全公平、公正、公开和缺少严格的奖勤罚懒。如何制定这样一个制度,是每个管理者都需要考虑的问题。

小思考:
维持公司良好的运行与发展,除了制定健康的机制,还需要什么?

任务一   财务总监理论认知

微课 5-1:
预算管理认知

一、财务总监知识准备

(一)预算管理认知

1. 预算与预算管理

预算是企业在预测、决策基础上,以表格的形式反映企业未来一定时期内经营、投资、筹资等活动的具体计划,是为实现企业目标而对各种资源和企业活动所作的详细安排。

预算管理是以企业战略目标为导向,通过预算的形式将企业外部环境和企业内部经营过程、管理控制衔接起来的一种机制,它具有计划、控制和评价职能。

2. 预算的基本内容

企业的预算通常包括日常经营活动的经营预算、专门决策预算和财务预算,各种预算是一个有机整体,三者组成了全面预算体系。

(1)日常经营活动的经营预算,即业务预算。它是指与企业日常经营活动直接相关的各种预算。它主要包括销售预算、生产预算、直接材料预算、直接人工预算、制造费用预算、产品成本预算、销售及管

小思考:
预算除了按照内容分类,还有哪些分类方式?

理费用预算等。

（2）专门决策预算 主要是长期投资预算，又称资本支出预算。它是指企业不经常发生的、一次性的重要决策预算。

（3）财务预算是一系列专门反映企业未来一定期限内预计的财务状况和经营成果，以及现金收支等价值指标的各种预算的总称，主要包括现金预算和预计财务报表。它是全面预算体系的最后环节，从价值方面总括地反映企业业务预算与专门决策预算的结果，故亦称总预算，其他预算则相应地被称为辅助预算或分预算。财务预算在全面预算体系中具有举足轻重的地位。

企业各预算之间的关系如图 5-1 所示，销售预算是各种预算的编制起点，它构成生产预算、期间费用预算、现金预算和资本预算的编制基础；现金预算是销售预算、生产费用预算、期间费用预算和资本预算中有关现金收支的汇总；预计利润表要根据销售预算、生产费用预算、期间费用预算、现金预算编制，预计资产负债表要根据期初资产负债表和销售、生产费用、资本等预算编制。

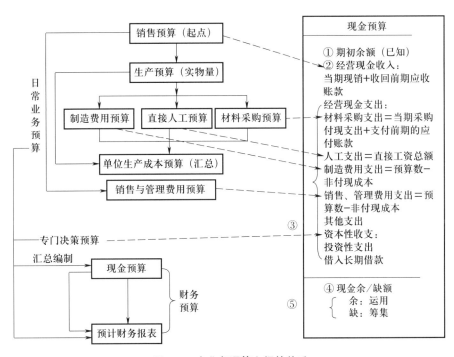

图 5-1 企业各预算之间的关系

（二）主要预算的编制

1. 销售预算

销售预算需要在销售预测的基础上，根据企业年度目标利润确定的预计销售量和销售价格等参数进行编制。销售预算主要公式如下所示：

$$预计销售收入 = 预计销售量 \times 预计销售单价$$

微课 5-2：
主要预算编制

$$预计现金收入 = 本期预计收回上期应收账款 +$$
$$本期预计销售额 \times 预计现金收入比例$$

2. 生产预算

生产预算主要是预计企业产品的生产量,预计生产量 📝 需要根据预计销售量,并考虑预计期初存货和预计期末存货等因素按品种分别编制。

3. 直接材料预算

直接材料预算以生产预算、材料消耗定额和预计材料采购单价等信息为基础,并考虑期初、期末材料存货水平编制。计算公式为:

$$预计采购量 = 生产需要量 + 期末库存量 - 期初库存量$$
$$生产需要量 = 预计生产量 \times 单位产品材料耗用量$$

4. 直接人工预算

直接人工预算是为直接从事产品生产工人的人工耗费编制的预算,用来规划预算期各类工种的人工工时的消耗水平和人工成本。直接人工预算需要考虑标准工资率、标准单位直接人工工时和预计生产量等因素。

5. 制造费用预算

制造费用预算亦称工厂间接费用预算,包括生产成本中除直接材料和直接人工以外的一切费用明细项目的预算。在变动成本法下,制造费用分变动制造费用和固定制造费用 🤔。其中,变动制造费用可根据单位产品预定分配率和预计的生产量进行估算;固定制造费用可在上年的基础上根据预期变动加以修正进行估算。

6. 产品成本预算

产品成本预算既可以用于计算预算期的销售成本,供编制利润表之需,又可以据以计算期末产成品存货成本,供编制资产负债表之需。产品成本预算的编制基础是生产预算、直接材料消耗、采购预算、直接人工预算和制造费用预算。

7. 期间费用预算

期间费用预算主要是销售和管理费用预算。销售费用预算是为实现销售预算所需支付的费用预算,销售费用预算以销售预算为基础,分析销售收入、销售利润和销售费用之间的关系,力求实现销售费用的最有效使用;管理费用预算指为规划一定预算期内企业行政管理部门为管理和组织经营活动,预计发生的各项费用水平而编制的一种日常业务预算。

8. 专门决策预算

专门决策预算往往涉及到长期建设项目的资金投放与筹措,经常跨年度,因此除个别项目外,一般不纳入日常的业务预算,但应计入与此有关的现金收支预算与预计资产负债表。

9. 现金预算

现金预算是用来反映企业在预算期内现金收支、余缺及其筹集和运用情况的预算,常见的现金预算表如表 5-1 所示。编制现金预算的目的在于为资金不足时如何筹措资金、资金多余时怎样运用资金提供依据,并且提供现金收支的控制限额,以便发挥现金管理的作用。

表 5-1 现金预算表 单元:元

项目	1 季度	2 季度	3 季度	4 季度	全年
① 期初现金余额					
② 经营现金收入					
可供支配的现金合计					
经营性现金支出					
直接材料采购					
直接人工支出					
制造费用					
销售及管理费用					
支付流转税					
预缴所得税					
分配股利					
资本性现金支出					
③ 现金支出合计					
④ 现金余缺					
资金筹措与应用					
长期借款					
支付利息					
取得短期借款					
偿还短期借款					
进行短期投资					
出售短期投资					
期末现金余额					

10. 预计利润表

预计利润表是指以货币形式综合反映预算期内企业经营活动成果(包括利润总额、净利润)计划水平的一种财务预算。常见的预计利润表形式如表 5-2 所示,在各预计年度内,可再细分季度预计企业净利润。

表 5-2　预计利润表　　　　　　　　　　单元:元

项目	1 季度	2 季度	3 季度	4 季度	全年
销售收入					
减:销售成本					
销售毛利					
减:销售及管理费用					
财务费用					
营业利润					
减:所得税					
净利润					

11. 预计资产负债表

预计资产负债表主要反映企业在预算期期末预计的各项有关资产、负债和所有者权益项目的预算执行结果。常见的预计资产负债表形式如表 5-3 所示。编制预计资产负债表的目的在于判断预算的财务状况的稳定性和流动性。

表 5-3　预计资产负债表　　　　　　　　　　单元:元

资产	金额	负债及权益	金额
流动资产:		流动负债:	
库存现金		短期借款	
应收账款		应付账款	
存货		应交税费	
流动资产合计		流动负债合计	
长期资产:		长期负债	
固定资产		股东权益:	
减:累计折旧		股本	
固定资产净额		资本公积	
在建工程		留存收益	
无形资产		权益合计	
长期资产合计		负债及权益总计	
资产总计			

(三)财务分析

1. 财务分析的概念

财务分析是以企业财务报告及其它相关资料为主要依据,对企业的财务状况和经营成果进行评价和剖析,反映企业在运营过程中的利弊得失和发展趋势,为企业经营管理者、投资者、债权人和政府管理机构提供有用的经济信息的一项管理工作。财务总监角色在实操中,要明确运营绩效表现情况,即财务分析结果。

2. 财务分析指标体系

传统财务分析中,主要的财务分析方法是指标分析,具体包括偿债能力指标、盈利能力、营运能力指标和发展能力指标分析。

(1)偿债能力指标。偿债能力是指企业偿还到期债务(包括本息)的能力。偿债能力指标包括短期偿债能力指标和长期偿债能力指标。在财务管理综合实训平台中,对偿债能力指标的分析,以流动比率和净现金流为主。

① 流动比率。流动比率是流动资产与流动负债的比率,它表明企业每单位流动负债有多少流动资产作为偿还保证,反映企业用可在短期内转变为现金的流动资产偿还到期流动负债的能力。其计算公式为:

$$流动比率＝流动资产/流动负债$$

流动资产是指企业可以在 1 年或者超过 1 年的一个营业周期内变现或者运用的资产,流动资产包括货币资金(库存现金、银行存款和其他货币资金)、交易性金融资产、衍生金融资产、应收款项(如应收票据、应收账款、应收款项融资、预付款项、应收股利、应收利息、其他应收款、坏账准备)、存货(如原材料、材料采购、库存商品、委托加工物资、受托代销商品、周转材料、存货跌价准备)、合同资产、持有待售资产和一年内到期的非流动资产等。

流动负债是指企业将在 1 年内或超过 1 年的一个营业周期内偿还的债务,包括短期借款、交易性金融负债、衍生金融负债、应付票据、应付账款、预收款项、合同负债、应付职工薪酬、应交税费、其它应付款(应付利息、应付股利、其他应付款的期末余额合计数)、持有待售负债和一年内到期的非流动负债等。

一般情况下,流动比率越高,短期偿债能力越强。但流动比率高,不等于企业有足够的现金或存款用来偿债。从债权人角度看,流动比率越高越好;从企业经营者角度看,过高的流动比率,意味着机会成本的增加和获利能力的下降。流动比率是否合理,不同行业、企业以及同一企业不同时期评价标准是不同的。

② 净现金流。净现金流是现金流量表中的一个指标,是指一定时期内,现金及现金等价物的流入(收入)减去流出(支出)的余额(净收入或净支出),反映了企业本期内净增加或净减少的现金及现金

微课 5-3:
财务分析认知

小思考:
财务分析都有哪些方法?什么是财务比率分析(亦称为财务指标分析)?

5

等价数额。净现金流所反映的是企业在一定时期内现金流入和流出的结果,是以收付实现制为基础的现金流入量和现金流出量的差额,该指标考察企业资金运营情况。按照企业生产经营活动的不同类型,净现金流可分为:经营活动现金净流量、投资活动现金净流量、筹资活动现金净流量。基本计算公式为:

$$净现金流 = 现金流入量 - 现金流出量$$

净现金流指标作为衡量企业偿债能力的指标之一,其指标值越大,说明企业偿债能力越强,但对于企业经营者来说,净现金流不是越高越好,因为如果企业持有的现金越多,企业用于资产投资的金额会相对减少,但现金的收益性要明显低于其他资产的收益性。所以现金作为企业收益性最差的一种资产,并不是越多越好。

(2)盈利能力指标。盈利能力又称获利能力,是指企业赚取利润的能力,它是企业实现持续经营和健康发展的保证,对于盈利能力的分析是企业财务分析的一项重要内容。在财务管理综合实训平台中,对盈利能力指标的分析,以销售净利率、现金毛利率和总资产报酬率为主。

① 销售净利率。该指标反映企业每一元的销售收入带来的净利润值,表示营业收入的收益水平。销售净利率反映了企业净利润与销售收入的关系,它的高低取决于销售收入与成本总额的高低。

$$销售净利率 = 净利润 / 主营业务收入。$$

通常情况下,销售净利率指标越高,说明企业盈利能力越强,通过分析销售净利率的增减变动,可以帮助企业在扩大销售的同时,改进企业经营管理能力,提高盈利水平。该指标揭示企业在增加营业收入的同时,必须要相应地获取更多的净利润才能使销售净利率保持不变或有所提高。

② 现金毛利率。该指标在现金流量表的基础上考察企业盈利质量水平,比率越高,说明企业经营越好,成本比较低,可以分担的费用空间越大,价格空间的增大,有利于企业提高市场竞争力。现金毛利率的计算公式为:

$$现金毛利率 = (经营活动现金流入量 - 经营活动现金流出量) / 经营活动现金流入量$$

③ 总资产报酬率。总资产报酬率又称总资产利润率、总资产回报率、资产总额利润率,是指企业息税前利润与平均总资产之间的比率,用以评价企业运用全部资产的总体获利能力,是评价企业资产运营效益的重要指标。总资产报酬率以投资报酬为基础来分析企业获利能力,是企业投资报酬与投资总额之间的比率。企业的投资报酬是

指支付利息和缴纳所得税之前的利润之和,投资总额为当期平均资产总额。总资产报酬率的计算公式为:

计算公式:
平均资产总额=(期初资产总额+期末资产总额)/2

$$总资产报酬率 = (利润总额+利息支出)/平均资产总额 \times 100\%$$
$$= (净利润+利息支出+所得税)/平均资产总额 \times 100\%$$
$$= 息税前利润/平均资产总额 \times 100\%$$

资产经营盈利能力,是指企业运营资产而产生利润的能力。反映资产经营盈利能力的指标是总资产报酬率,即息税前利润与平均总资产之间的比率。总资产报酬率高,说明企业资产的运营效率好,也意味着企业的资产盈利能力强,所以这个比率越高越好。根据总资产报酬率指标的经济内容,可将其作如下分解:

$$总资产报酬率 = (营业收入/平均总资产) \times [(利润总额+利息支出)/营业收入]$$
$$= 总资产周转率 \times 销售息税前利润率 \times 100\%$$

可见,影响总资产报酬率的因素有两个:一个是总资产周转率,一个是销售息税前利润率。总资产周转率表示的是企业的每单位资产(以货币计量的资产的单位为元)能够带来的收入,该指标作为反映企业资产运营能力的指标,可用于说明企业资产的运作效率,是企业资产经营效果的直接体现。有时,这一指标也可以用倒数表示,即平均总资产/营业收入,表示的是企业产生每单位销售收入所需要投入的资产。销售息税前利润率反映的是每单位销售收入所能带来的利润额,该指标反映了企业商品生产经营的盈利能力,产品盈利能力越强,销售利润率越高。可见,资产经营盈利能力受商品经营盈利能力和资产运营效率两方面影响。由于总资产周转率已经单独计算分析,因此总资产报酬率主要分析销售息税前利润率指标。

小思考:
什么是销售息税前利润率,它与利润总和有什么区别?

(3)营运能力指标。营运能力是指企业基于外部市场环境的约束,通过内部人力资源和生产资料的完成配置组合,从而推动财务目标的实现。其中,生产资料的营运能力实际上就是企业的总资产及其各个组成要素的营运能力。资产营运能力的强弱取决于资产的周转速度、资产运行状况、资产管理水平等多种因素。资产的周转速度,通常用周转率和周转期来表示。周转率,是企业在一定时期内资产的周转额与平均余额的比率,反映企业资产在一定时期的周转次数。周转次数越多,表明周转速度越快,资产营运能力越强。周转期,是周转次数的倒数与计算期天数的乘积,反映资产周转一次所需要的天数。周转期越短,表明周转速度越快,资产营运能力越强。在财务管理综合实训平台中,对盈利能力指标的分析,以存货周转率和总资产周转率为主。

5

① 存货周转率。存货周转率 👆 是企业一定时期营业成本（或销售成本）与平均存货余额的比率，是反映企业资产流动性的一个指标，也是衡量企业生产经营各环节中存货运营效率的一个综合性指标。其计算公式为：

$$存货周转率（次数）＝营业成本／平均存货余额$$
$$存货周转期（天数）＝平均存货余额×360／营业成本$$
$$平均存货余额＝（存货余额年初数＋存货余额年末数）÷2$$

在分析存货周转率指标时，应尽可能结合存货的批量因素、季节性变化因素等情况对指标加以理解，同时对存货的结构以及影响存货周转率的重要指标进行分析，通过进一步计算原材料周转率、在产品周转率或某种存货的周转率，在不同角度、环节上找出存货管理中的问题，在满足企业生产经营需要的同时，尽可能减少经营占用资金，提高企业存货管理水平。

② 总资产周转率。总资产周转率是反映企业所有资产周转情况的主要指标，它是企业一定时期营业收入与平均资产总额的比值，可以用来反映企业全部资产的利用效率。其计算公式为：

总资产周转率：

$$总资产周转率（次数）＝\frac{营业收入}{平均资产总额}$$

总资产周转期：

$$总资产周转期（次数）＝\frac{360}{总资产周转次数}$$

从指标的计算方法可知，提高总资产的运用效率有两条途径：一是增加收入，二是减少资产。增加收入的方式，要从影响收入的各项因素入手；减少资产的途径，是减少企业不需要的、闲置的、质量差的资产。

总资产周转率是综合评价企业全部资产的经营质量和利用效率的重要指标。该指标越大，说明总资产周转速度越快，资产的运用效率越高，反映企业销售能力越强，其结果会给企业带来更多的收益，使企业的盈利能力、偿债能力都得到提高。总资产周转天数反映的是总资产每周转 1 次需要的时间，指标数值越小，通常说明总资产的周转速度越快，资产运用的效率越高，它是反映总资产运用效率的逆指标。一般来说，总资产周转率 👆 越高，总资产周转天数越短，说明企业所有资产周转速度越快，同样的资产取得的收入越多，因而资产管理水平越高。

（4）发展能力指标。企业发展能力，也称为企业的成长能力，通常是指企业未来生产经营活动的发展趋势和发展潜能。从形成方面看，企业发展能力主要是通过自身的生产经营活动不断扩大积累而形成的,主要依托于企业持续增长的销售收入、增加的资金投入和创造的利润等;从结果方面看,一个发展能力强的企业,主要表现为资产规模不断的增加,股东财务持续的增长。在财务管理综合实训平台中,对发展能力指标的分析,以评估收益为主。

评估收益指根据当前的市场价格,评估企业全部资产和负债,计算出净资产市值,并扣除其应缴纳的企业所得税,得出税后净资产与企业注册资本的比值。该指标越高,说明企业发展能力越强。

二、财务总监岗位要求

财务总监在整个业务流程中占据重要的核心地位,该角色要求学生具备全局观、决策能力、商业分析头脑、领导力等素质能力。一方面,财务总监指导运营角色合理高效地开展运营工作;另一方面,财务总监需要安排、布置资金并且配合成本管理角色准确高效地完成财务核算和纳税申报等工作,对企业全局运营绩效和财税稽查负责。

在任何一个团队中,合作精神都是团队获胜的必要条件。在企业中,组织的集体智慧和协作精神只有充分地发挥出来,企业才能正常运转。如果任何一个部门跟不上企业发展的步伐,都会影响企业的发展。就像"木桶原理" ,企业的短板决定着企业的水平,一个部门掉链子,整个企业都会被连累,各个部门只有互通消息、互相协作才能带动企业整体的进步。

在财务管理综合实训平台,财务总监主要负责企业财务管理、预算编制、运营动作决策审批、电子报税审批等企业全盘财务运营的统筹;负责会计凭证审核、过账、结转损益、出具财务报表等电算化业务的处理。

知识卡片:

木桶原理又称短板理论,由劳伦斯·彼得提出,其核心内容为:一只木桶盛水的多少,并不取决于桶壁上最高的那块木板,而恰恰取决于桶壁上最短的木板。

任务二　财务总监任务实操

一、创建企业

根据给定的账号与密码,进入财务管理综合实训平台,选择财务管理角色输入创建的企业名称,点击"创建企业",完成企业创建任务,如图5-2所示。

微课5-4:

创建企业

5

创建企业

企业名称	商务集团	创建企业

温馨提示:
1、只有财务总监可以创建企业。
2、创建企业后,企业名称不能再修改。

图5-2　创建企业

二、预算管理与分析

（一）预算管理

1. 待办事项确认

预算可以帮助企业了解未来的预计销售及生产情况。预算内容较多，我们可以根据实训时间安排，考虑是否进行预算的详细编制，如果不考虑实训预算部分，也可以不作详细预算，直接点击如图5-3所示的"待办事项"，点击"确认"。

待办事项(1)　　审批单(3)

今日任务
2020-01-01

提示：请于月初前2天至"业务管理"-"预算管理"进行预算编制　　　确认

图 5-3　待办事项 – 预算管理

2. 财务预算编制

实训过程中，如果考虑实训预算部分，需要进行预算的编制。如图5-4所示，点击"业务管理"中的"预算管理"，出现如图5-5所示的界面，完成具体的财务预算📒的编制。

小思考：

财务预算的具体内容有哪些？

图 5-4　信息管理 – 预算管理

1	销售预算
2	生产预算
3	研发预算
4	直接材料采购预算
5	职工薪酬预算
6	资产购置、租赁预算
7	期间费用预算
8	制造费用预算
9	生产成本预算
10	存货预算
11	税金及附加预算
12	现金预算
13	利润表预算
14	资产负债表预算
15	现金流量表预算

图 5-5　具体的财务预算

（二）预算分析

预算分析 主要包括如图5-6所示的财务预算分析汇总目录和经营现金流量指标分析,其中财务预算分析包括偿债能力、营运能力、盈利能力等财务能力指标分析,经营现金流量指标分析主要包括如图5-7和图5-8所示的经营活动、投资活动和筹资活动产生的现金流量图表和经营现金流量指标分析。

特别提示:

预算分析需要在运营结束后,登录稽查界面才可查看。

财务预算分析汇总目录　经营现金流量指标分析 ✕
二、营运能力分析
回款情况分析
应收账款情况分析
存货情况分析
经营现金流量指标分析

图5-6　财务预算分析汇总目录和经营现金流量指标分析

	经营活动	投资活动	筹资活动
现金流入量(万元)	8 128.00	14.17	1 000.00
现金流出量(万元)	6 891.62	131.67	5.83
现金净流量(万元)	1 236.38	−117.50	994.17

图5-7　现金流量图表

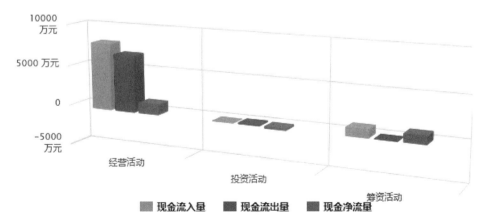

图5-8　经营现金流量指标分析

（三）决策审批

对于某些需要财务总监审批的单据,系统界面"审批单"处每日

特别提示：

决策审批时，如果审批"不通过"则说明团队决策过程有误，会扣减企业的信誉值。

都有提醒，如图5-9所示，财务总监查看审批单，确认无误后点击"通过"，如果财务总监认为审批单有误，可以选择"不通过"，对于审批"不通过"的审批单，会退回其他角色系统界面，由其他角色重新填写审批申请。

待办事项	审批单(3)		
⊕	2020-01-01 租赁家庭影院生产线A型,年租金2880000	通过	不通过
⊕	2020-01-01 一次性付款购买办公用房A,价格1000000.00	通过	不通过
⊕	2020-01-01 招聘生产人员,月薪：3000.00,人数：400	通过	不通过

图5-9 决策审批

三、商品价格趋势查看

（一）原材料价格趋势查看

小思考：

从小规模纳税人和从一般纳税人处采购原材料,对企业增值税纳税有什么不同影响？

财务总监需要与运营管理一起查看原材料和产品的价格趋势，在财务总监界面点击如图5-10所示的"业务管理"，选择"采购管理 – 采购原材料"，进入如图5-11所示的界面，选择要查询的材料，点击"查询"，进入如图5-12所示的界面，点击"价格走势"按钮，查看近期材料市场的价格走势，并与运营管理一起决定是否可以采购材料。

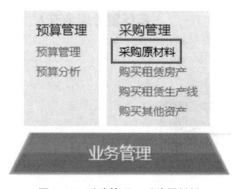

图5-10 采购管理 – 采购原材料

（二）产品价格趋势查看

小思考：

各因素满足什么条件时,财务总监可决定当日接受订单？

点击财务总监界面左侧的"更多"按钮，如图5-13所示，直接查看产品的价格走势。财务总监应与运营管理一起，综合考虑产品的价格、已承接订单的数量、产品的生产周期、订单的收款天数等因素，确定当日是否接单。

采购原材料

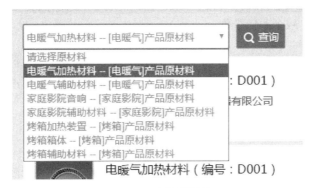

图 5-11　查询原材料

图 5-12　查看原材料价格走势

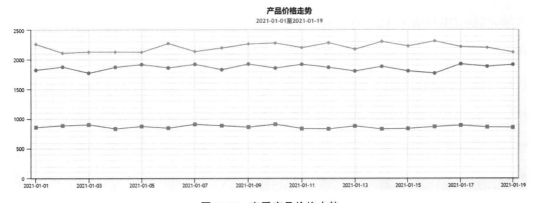

图 5-13　查看产品价格走势

提示：

① 财务总监每天都可以查看原材料价格走势,尽量保证材料低价购入,产品高价卖出。

② 原材料和产品是 1 : 1 的比例关系,注意原材料最低库存为 10 个。

（三）现金折扣与信誉值

财务总监要关注材料付款、产品生产和订单到期时间查看,如

图 5-14 所示，综合考虑现金折扣  和公司现有资金情况，然后通知成本管理岗位付款，要保证材料的购买在 30 天内完成付款，否则会扣减企业信誉值。

图 5-14　材料付款、产品生产和订单到期时间查看

微课 5-5：

月末结账处理

特别理解：

从会计核算的具体内容看，会计循环由填制和审核会计凭证、设置会计科目和账户、复式记账、登记会计账簿、成本计算、财产清查、编制财务会计报告等环节组成。

四、期末结账

（一）月末结账处理

会计循环 是指按照一定的步骤反复运行的会计程序，从会计工作流程看，会计循环由确认、计量和报告等环节组成，财务总监点击如图 5-15 所示的界面，点击【总账系统】→【凭证审核】→【批量审核】→【凭证过账】→【过账】→【结转损益】→【凭证审核】→【批量审核】→【凭证过账】→【重新过账】→【期末结账】。此外，财务总监可以在总账系统查看如图 5-16 所示的总账、明细账、数量金额明细账和多栏式明细账，并生成如图 5-17 所示的资产负债表和利润表，报表生成后，可以查看如图 5-18 所示的报表信息、财务指标和杜邦分析图，并根据杜邦分析图结果，判断企业经营情况。

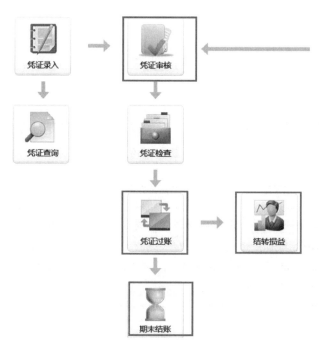

图 5-15　总账系统月末结账处理

	总账		未过账	已过账
	明细账		未过账	已过账
	数量金额明细账		未过账	已过账
	多栏式明细账		未过账	已过账

图 5-16　可查看的账簿

序号	年份	月份	过账	结转损益	期末结账	操作
1	2021	1	已过账	已结转损益	未期末结账	生成报表　查看报表

图 5-17　报表生成

图 5-18　报表信息、财务指标和杜邦分析图　查看

（二）季度末结账处理

根据会计准则规定,企业需在每季度末计提企业所得税,所以季度末,财务总监在进行正常月末结账后,需反结账并反结转损益 ,再由资金管理角色计提本季度所得税费用,待资金管理角色计提完所得税费用后,再重新结账。

五、纳税申报管理

纳税申报管理主要涉及到增值税（月报）、企业所得税（季报、年报）以及其他税费申报。月报,次月 15 日内申报;季报,季度终了的 15 日内申报;年报,年度终了的 15 日内申报。报税流程:成本管理填写增值税及所得税申报表,完成后点击"保存";财务总监审核申报表,审核无误后点击"通过"按钮,通过并保存,此时数据不能再改动。如果审核有问题,点击"不通过"按钮,成本管理点击"修改"按钮,重新填写并保存;财务总监审核通过后点击"申报"按钮,申报完毕。申报完成后,成本管理可以查询申报表,查看电子缴税回单。

（一）报税记录查看

财务总监可以通过如图 5-19 所示的"税务管理"查看报税记录,具体操作如下:

（1）找到财务总监岗位窗口右侧的"税务管理"按钮。

知识卡片:

杜邦分析:杜邦分析就是利用几种主要的财务比率之间的关系来综合地分析企业的财务状况,这种分析方法最早由美国杜邦公司使用,故名杜邦分析法。杜邦分析图是以净资产收益率为核心的财务指标,通过财务指标的内在联系,系统、综合地分析企业的盈利水平,具有很鲜明的层次结构,是典型的利用财务指标之间的关系对企业财务进行综合分析的方法。

特别理解:

反结账:反结账就是取消结账,把账恢复到结账前的状态。

反结转损益:反结转损益就是取消损益结转,把损益类账户恢复到结转损益前的状态。

5

图 5-19   快速开始 – 税务管理

（2）点击如图 5-20 所示的"报税记录"，进入如图 5-21 所示的界面，点击"查看"按钮，可以查看各月报税记录。

（二）报税记录审核与提交

特别提示：

所得税纳税申报过程与增值税纳税申报过程相同。

（1）增值税和所得税：审核通过增值税和所得税纳税申报，并提交。

以增值税纳税申报为例，财务总监通过上一流程，查找到报税记录后，出现如图 5-22 所示的增值税纳税申报界面，财务总监审核无误后，点击左下角"审批通过"按钮，并在图 5-23 所示的界面下进行"纳税提交"，完成纳税申报提交流程。如果财务总监审核有误，也可以选择"审批不通过"，此时，纳税申报表返回成本管理角色，由成本管理进行修改，并重新申请审批。

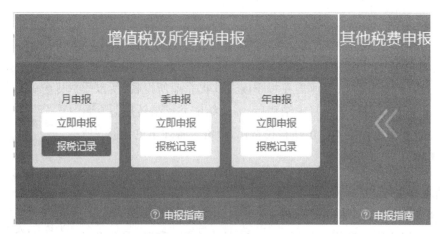

图 5-20   报税记录

图 5-21   报税记录查看

应纳税额合计	24=19+21-23	0.00	824821.58	0.00	0.00
期初未缴税额（多缴为负数）	25				
实收出口开具专用缴款书退税额	26			-----	-----
本期已缴税额	27=28+29+30+31	0.00	0.00	0.00	0.00
①分次预缴税额	28		-----		-----
②出口开具专用缴款书预缴税额	29		-----		-----
③本期缴纳上期应纳税额	30				
④本期缴纳欠缴税额	31				
期末未缴税额（多缴为负数）	32=24+25+26-27	0.00	824821.58	0.00	0.00
其中：欠缴税额（≥0）	33=25+26-27	0.00	-----	0.00	-----
本期应补（退）税额	34=24-28-29	0.00	-----	0.00	-----
即征即退实际退税额	35	-----	-----		
期初未缴查补税额	36			-----	-----
本期入库查补税额	37			-----	-----
期末未缴查补税额	38=16+22+36-37	0.00	0.00	-----	-----

图 5-22 增值税纳税申报

图 5-23 增值税纳税提交

（2）其他税费 ：审核通过其他税费纳税申报，并提交。

财务管理综合实训平台整合了除增值税和所得税以外的其他税费申报，在图5-24所示的其他税费报税历史记录中，可以点击"查看"按钮，出现如图5-25所示的其他税费月申报表，财务总监审核无误后，点击左下角"审批通过"，进行"纳税提交"，完成纳税申报提交流程。如果财务总监审核有误，也可以选择"审批不通过"，此时，其他税费纳税申报表返回成本管理角色，由成本管理进行修改，并重新申请审批。

（三）结束业务

运营、成本、资金管理结束任务，最后财务总监下班结束任务，业务批次全部结束。在图5-26批次结束界面，可以查看实习报告，了解团队经营成果和成绩。

审批状态	操作		
待审批	查看	删除	查看回单

图 5-24 其他税费报税历史记录查看

其他税费月申报表

税种	税目	计税金额（数量）	税率（%）	单位税额	应纳税额
个人所得税	正常工资薪金		-		0.00
印花税	权利许可证照		-	5.00	0.00
	产权转移书据		0.0500	-	0.00
	财产租赁合同		0.1000	-	0.00
	购销合同		0.0300	-	0.00
	资金账簿		0.0250	-	0.00
	货物运输合同		0.0500	-	0.00
	借款合同		0.0050	-	0.00
	仓储保管合同		0.1000	-	0.00
	加工承揽合同		0.0500	-	0.00
城建税			7.0000	-	0.00
教育费附加			3.0000	-	0.00
合计	-	-	-	-	0.00

本企业个人所得税申报方式为汇总申报，财务人员根据企业实际缴纳税款作为缴税基数填写。

审批通过	审批不通过

图 5-25 其他税费月申报表

图 5-26　批次结束

【项目小结】

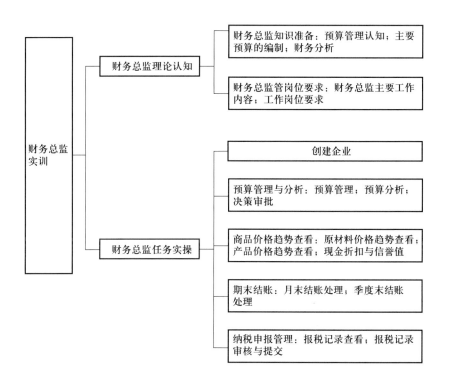

5

【拓展训练】

请登录财务管理综合实训平台,选择财务总监岗位,创办一家主营家庭影院、电暖气和烤箱的家电企业,与运营管理、资金管理、成本管理岗位一起,模拟企业三个月的经营业务。财务总监岗位与其他各岗位一起,完成企业创建、预算、商品价格趋势查看、期末结账和纳税申报审核和提交等工作。

项目六　财务管理综合实训评价

【知识目标】
1. 掌握运营成绩指标计算的方法。
2. 熟悉财税稽查情况分析知识内容。

【技能目标】
1. 能根据运营成绩,分析企业的运营情况。
2. 能根据财税稽查结果,完成企业的税务稽查。
3. 能与团队其他成员一起汇报实训成果。

【素养目标】
(1) **提升沟通、表达能力**。每个团队进行总结汇报,汇报形式鼓励多样化,可以采用 PPT、视频、表演小品等形式,汇报内容包括人员构成、企业文化、业务描述、经营活动照片、体会感受等。通过总结分享,使学生增强交流、表达能力,进一步提升创新创业意识,新青年要不负青春,要有梦想和追求,要勇于担当。

(2) **向优秀企业和优秀员工学习**。结合各团队实训成果汇报情况,评选优秀企业、优秀员工,并分享经验感悟,以此进行社会主义荣辱观教育,并向优秀企业和优秀员工学习其创新创业精神。

【引导案例】

海尔砸冰箱

小思考:

"质量意识是企业领导决策层应关心的事"这个说法正确么?

1985年,海尔从德国引进了世界一流的冰箱生产线。一年后,有用户反映海尔冰箱存在质量问题。海尔公司在给用户换货后,对全厂冰箱进行了检查,发现库存的76台冰箱虽然不影响冰箱的制冷功能,但外观有划痕。时任厂长张瑞敏决定将这些冰箱当众砸毁,并提出"有缺陷的产品就是不合格产品"的观点,在社会上引起极大的震动。

启示:作为一种企业行为,海尔砸冰箱事件不仅改变了海尔员工的质量观念,为企业赢得了美誉,而且引发了中国企业质量竞争的局面,反映出中国企业质量意识的觉醒,对中国企业及全社会质量意识的提高产生了深远的影响。

任务一　企业经营结果分析评价

本实训主要对学生所模拟企业的运营绩效和财务处理情况进行考查,实训结果分运营成绩和稽查成绩。实训结束,系统自动生成运营成绩,并形成企业运营实训报告,以财务指标的变动为基础对运营企业的状况进行评价,并为企业后续运营绩效提升提供思路。教师界面的后台,教师可根据学生账务处理情况和纳税申报情况,对照标准检查学生做账及纳税申报的准确性,形成稽查成绩。

团队经营企业的运营成绩,主要是对企业运营指标予以综合评价,成绩由赛项平台系统自动评定。团队经营企业的稽查成绩,主要是从稽查的角度对参赛队模拟的企业账务处理、纳税申报缴纳等方面予以综合评价,成绩由赛项平台系统自动稽查评定。两个部分的成绩总分均为100分,并按照"企业运营成绩×70%+企业稽查成绩×30%",折算成百分制的总成绩。小组按照百分制总成绩高低进行最后排名,确定名次。

特别提示:

平台中,教师也可以根据实际需要调整运营成绩和稽查成绩的计分比例。

一、运营绩效分析与评价

(一)运营成绩指标描述

每个指标所占的权重不同,分值随权重而变化,满分为100分。学生企业小组可以每个月看到自己的成绩,并看到所有参赛选手的总成绩排行榜,从而判断自己的企业当下的竞赛排名情况。所有竞赛指标、时点指标按照竞赛最后一天的时点数计算,时期指标按照3个月累计数字计算。竞赛完成后,系统统一重新生成竞赛成绩,每个月的小组成绩只是参赛小组对自己经营结果的参考,和参赛小组的最终成绩无关。企业运营成绩指标只与企业经营的最终成果（如盈利情况）有关，不因经营某些业务而加分或者扣分。其中：信誉值、评估收益、净现金流指标分值计算截止到批次结束前一天，例如 1—3 月的数据批次结束一般为 4 月 4 日，那么，计算前述指标应取 4 月 3 日的数据。

1. 信誉值

该指标从企业运营界面取数，考核企业信用情况。网中网平台中企业初始信誉值为 100 分，因违约或终止合同等原因会导致信誉值降低，供应商、客户信誉值会对经营产生相应的风险，信誉值关系到权限的选择、大小。比如采购原材料未按规定时间支付或者承接订单未按规定时间发货都将扣除信誉值；终止购买合同，会扣除相应的信誉值。信誉值越低，企业在采购材料的付款方式和承接订单时收款方式时的可供选项就越少。具体规则如下：

（1）企业付款方式有两种：货到付款和款到发货。如果企业信誉值 >60 分，可以选择货到付款或款到发货方式。如果企业信誉值 ≤ 60 分，企业只能选择款到发货的方式。

（2）企业承接订单时收款方式有两种：分期收款和一次性收款。① 分期收款。合同签订后，企业在合同规定发货期间内先发货。系统根据合同所选客户信誉值付款，客户信誉值低于 50 分的，系统可随机不付款。② 一次性收款。合同签订后，企业在合同规定发货期内先发货，客户将如期付款。如超过合同规定日期发货，企业将会受到一定的处罚。

> **提示：**
>
> 如果到期未能发货，此时存在两种情形：终止发货和延期发货。
>
> ① 终止发货。此时要扣除从承接订单时间到终止合同时间中间天数的信誉值，每天 0.2 分信誉值。
>
> ② 延期发货。延期宽限天数为 20 天，超过 20 天还未发货的，将要缴纳 30% 的违约金。延期天数内，每天需要扣除企业信誉值 0.2 分。

（3）短期贷款规则。短期贷款规则有如下两条：
① 信誉值在 80 分 ~ 100 分时，企业可以进行短期贷款。
② 贷款额度根据信誉值的下降而降低。

2. 财务比率

在运营成绩模块，考查的指标主要包括流动比率、净现金流、现金毛利率、销售净利率、总资产报酬率、存货周转率、总资产周转率和评估收益。

知识卡片：

1996 年，纽约大学斯特恩商学院的名誉教授查尔斯·丰布兰（Charles Fombrun）较明确地给出了企业信誉的定义：企业的信誉是一个企业过去一切行为及结果的合成表现，这些行为及结果描述了企业向各类利益相关者提供有价值的产出的能力。

特别提示：

平台中信誉值指标得分是以批次截止前一天的值计算。

特别理解：

这些财务指标分别考查了企业的偿债能力、营运能力、盈利能力等。

6

（二）运营成绩指标操作指南

学生在批次结束前可通过成绩及排名,查看每月运营情况,批次结束后,学生界面可以通过查看实训成绩,获取小组运营最终成绩。此外,教师界面,系统后台会自动生成成绩。

1. 学生利用其他菜单查看运营成绩

其他菜单具体内容如图6-1所示,包括:系统事项(可进行系统的事项内容查看)、成绩及排名(可查看学生成绩及相应的名次)、市场资讯(可查看市场大环境信息,帮助学生对企业未来的发展作出判断)等。点击"成绩及排名",出现如图6-2所示的界面,可以查看系统内各个小组的运营成绩。

图6-1　其他菜单具体内容

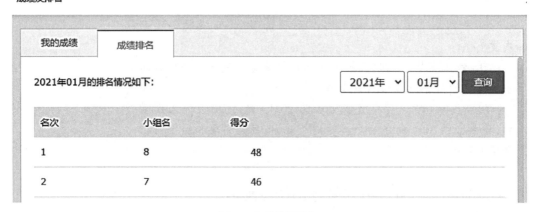

图6-2　成绩及排名

2. 学生利用信息管理查看各项指标情况

学生界面通过如图6-3所示的"信息管理"中的"共享服务中心",进入如图6-4所示的"总账系统",在总账系统中,可以通过点击如图6-5所示的"财务指标"或"杜邦分析图",查看企业运营的各项财务指标的详细结果。

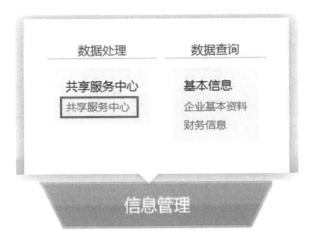

图 6-3 共享服务中心

图 6-4 总账系统

图 6-5 财务指标与杜邦分析图

3. 教师界面成绩管理

教师界面具体操作流程如图 6-6 所示,使用教师账号登录后台管理系统,点击如图 6-7 所示的"成绩管理",选择实习批次,出现如图 6-8 所示界面,点击"生成成绩",可以生成各组成绩,也可点击如图 6-9 所示的"批量生成成绩",系统会按照"总分" 由高到低顺序排列,如有需要,可以点击"导出 Excel",将成绩明细导出。

图 6-6 教师界面成绩管理流程

📌 **特别提示:**

平台中,总分分为系统分和教师分。系统分即是运营成绩,教师分为财税稽查成绩,系统默认运营成绩占比为70%,稽查成绩占比为30%。

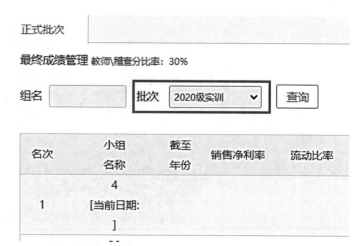

图 6-7　成绩管理

图 6-8　生成成绩

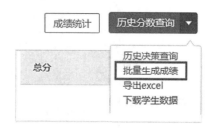

图 6-9　批量生成成绩

（三）运营成绩指标方案分析

四人组财务决策平台实战中，可采用三线三产、三线两产、三线单产等多种运营方案，具体方案选择结合各组自身规划进行安排。运营采购存货和接受订单过程中，在考虑市场价格的前提下，尽量不积压过多库存，在无违约记录的前提下考虑现金折扣。在筹资活动中，企业可选择吸收直接投资（注册资本 500 万元）和银行借款（最高限额 500 万元）两种筹资方式。在投资活动中，可以考虑固定资产投资、无形资产投资、金融资产投资等投资活动。在资金营运活动中，团队成员需要关注对现金、应收账款、存货、应付账款和短期借款等项目的管理，在保证正常生产经营和获取最大利润的同时，合理控制流动资产和流动负债水平。在企业三个月经营过程中，尽量发挥最大生产能力，并控制成本。

根据市场价格，运营管理岗位实时根据市场价格走向趋势图，动态计算生产线最大产能下所需的生产资料，采购成本较低的存货，保持库存较低的同时又能满足生产所需。在运营过程中无违约行为，按订单及时发货，不积压产成品，订单价格能符合市场高价位，无现金流短缺的情况发生。每轮实操结束，各小组要总结各指标得分情况，详细分析原因，并提出改进方案。

小思考：

在企业的经营运行过程中，应该考虑哪些因素？

> **提示：**
> 为什么团队运营第一个月和第二个月成绩都不错，最终系统的成绩反而变低了？
> **答：** 平台成绩分析指标以系统生成的准确报表数据为依据进行计算，而不是根据账务处理所生成的报表数据计算，各指标数值均为参考估计数值，非精确数值。账务处理相关的指标评分截止日期为3月31日，企业信誉值、评估收益和净现金流在平台中是以批次截止前一天的值计算的。

二、财税稽查情况分析与评价

财税稽查成绩，主要结合模拟企业的运营情况，考查学生对企业的日常账务处理和纳税申报进行处理的准确性。财税稽查分系统自动稽查和人工稽查两种，在此，我们以人工稽查为例，介绍稽查使用方法。

（一）教师设置稽查方法

方法一：教师自主设置稽查学生。

利用教师界面登录系统后，点击左侧的"稽查管理"，进入如图6-10所示的界面，选择班级，找到某学生学号，设置该学生可稽查的组。

微课6-1：
教师设置稽查方法

图6-10 教师自主设置稽查学生

点击图6-10所示的"设置要稽查的组"，选择"实习批次"，点击"查询"，选择组成员或者直接输入稽查人员学号进行查询，选定稽查人员后点击"设置要稽查的组"，设置可稽查的实训小组，进入如图6-11所示的界面，设置学生可稽查的组。

图6-11中，先在右侧栏中选择要稽查的"实习批次"，查询选择具体某一小组或者全部小组，点击"批量稽核"，被选定的小组会显示在左侧栏内，同样的方式可以删除"已有稽查组"。

方法二：教师设置小组内学生自查。

利用教师界面登录系统后，点击左侧的"实习批次管理"，选择"更多操作"，进入如图6-12和图6-13所示的界面。

6

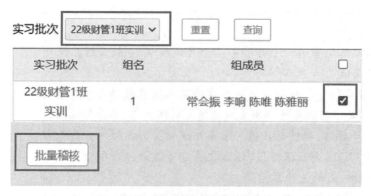

图 6-11　设置学生可稽查的组

图 6-12　教师设置小组内学生自查

设置参数

参数开关设置

启用	财务预算控制开关（参数关闭状态下预算表格无法自动计算）
禁用	自动申报纳税开关（参数启用后每月2日系统自动报税，此时学生无法报税）
启用	学生端生成成绩开关（参数启用后实习批次结束后自动生成成绩，无需老师再去后台生成）
禁用	自动生成报表开关（参数启用后系统自动生成财务报表，此时学生无法做账）
启用	自动加入稽查开关（参数开启后学生可以稽查自己小组做账报税的情况，考试时请关闭）
禁用	角色控制开关（参数关闭后账号拥有全部角色的权限，无需切换下班）

图 6-13　设置参数开启自动加入稽查

　　点击"设置参数",选择启用"自动加入稽查"开关,参数开启后学生仅可以稽查自己小组做账报税的情况,不能进行互查。

　　（二）学生稽查财税及账务结果

　　学生界面点击如图 6-14 所示的外部机构界面,点击"稽查",进入"网上税务稽查"界面。

图 6-14 登录稽查界面

查找对应小组,点击如图 6-15 所示的"稽查"按钮,进行网上税务稽查。

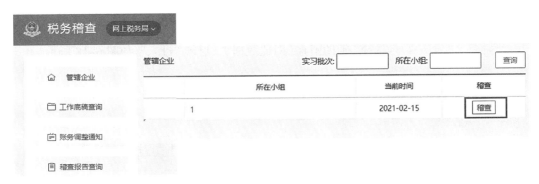

图 6-15 网上税务稽查

点击如图 6-16 所示的"编制工作底稿"按钮,查看详细稽查情况。

图 6-16 税务稽查

"选择企业"即选择对应小组;"编制工作底稿"即进行数据比对;"录入账务调整通知"即通过稽查将小组的稽查情况发送给学生;"税务稽查报告"即编写稽查报告。点击"编制工作底稿",将后台稽查结果和小组实际账务处理、报税情况进行对比,工作底稿查询如图 6-17 所示。

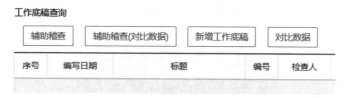

图 6-17　工作底稿查询

"辅助稽查"即为系统参考答案;"辅助稽查（对比数据）"即为将系统参考答案与学生答案进行比对;"新增工作底稿"即为稽查过程中记录的工作底稿;"对比数据",即对比学生自己的数据（方便打开不同界面上下比对）。

选择"辅助稽查（对比数据）",点击"进入",如图 6-18 所示。

稽查增值税税额　稽查其他税费税额　现金银行存货核对单　成本稽查　财务报表　增值税月申报

选择年份: 选择年份 ∨　　　　　　　　　　　　　　　　　　　　上界面为系统答案

2021增值税税务稽查

项目	说明	1月
当期销售额合计		2256015.90
其中：销售货物销售额	当期货物确认销售的金额	2256015.90
卖出股票销售额	股票卖出价/1.06×卖出数量	0.00
卖出不动产销售额	当期卖出不动产的金额（不含税）	0.00
销项税额		293282.07

企业信息 | 记账凭证 | 总账 | 明细账 | 数量金额 | 财务报表

增值税纳税申报表(适用于增值税一般纳税人)

下界面为学生答案

纳税人识别号：911010576764198754　　纳税人名称：商务集团

所属时期: 20210101　至 20210131　　填表日期: 20210201　　　　金额单位: 元至角分

项目	栏次	一般项目		即征即退项目	
		本 月 数	本 年 累 计	本 月 数	本 年 累 计
（一）按适用税率计税销售额	1	12295210.00	12295210.00		
其中：应税货物销售额	2	12295210.00	12295210.00		

图 6-18　辅助稽查（对比数据）

其中,上界面为系统参考答案,下界面为学生答案,拉动界面上下进行对比即可。

任务二　实训成果汇报及成绩评定

一、实训成果汇报

财务管理综合实训课程,要求学生以小组为单位,利用网中网财务决策平台模拟经营企业三个月,并结合运营情况,对企业进行财务核算和纳税申报。在实训批次结束后,系统会自动生成各小组运营情况报告,该报告详细解释了小组学生在运营过程中主要存在的问题及后续运营绩效提升的思路。稽查情况分析则需要学生登录稽查界面,核对账务处理的准确性和纳税申报的准确性,查找错误原因并分析。

实训批次结束后,学生以小组为单位,进行实训成果汇报。汇报内容包括企业运营成果和稽查情况,教师进行指导评价,作为平时成绩的组成部分。

二、实训成绩评定

学生的成绩由平时成绩和实训考查成绩两部分组成,各占百分之五十。平时成绩主要包括课堂考勤、实训时的工作态度(由各小组财务总监考核)和实训成果的汇报。

实训考查成绩则有两部分组成,包括运营成绩和财税稽查成绩。其中,运营成绩在实习批次结束后,系统自动生成,财税稽查成绩可人工进行核算也可根据系统自动稽核。对于人工进行的核算,则需要由教师设定采分点并手工稽核。稽核结束后,教师界面手动输入每个小组的财税稽查成绩,系统自动生成实训考查成绩。

【项目小结】

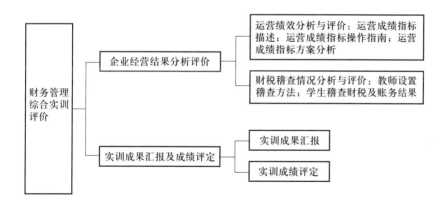

【拓展训练】

请各组完成企业三个月的经营业务,根据实训成绩和实训报告,以小组为单位,以 PPT 形式汇报各组企业运营情况,根据运营和稽查结果,分析企业运营过程中存在的不足、产生的原因及今后努力的方向。

6

附录 增值税、所得税及印花税最新政策

附录一 国家税务总局关于增值税 消费税与附加税费申报表整合有关事项的公告

国家税务总局公告 2021 年第 20 号

为贯彻落实中办、国办印发的《关于进一步深化税收征管改革的意见》，深入推进税务领域"放管服"改革，优化营商环境，切实减轻纳税人、缴费人申报负担，根据《国家税务总局关于开展 2021 年"我为纳税人缴费人办实事暨便民办税春风行动"的意见》（税总发〔2021〕14 号），现将申报表整合有关事项公告如下：

自 2021 年 8 月 1 日起，增值税、消费税分别与城市维护建设税、教育费附加、地方教育附加申报表整合，启用《增值税及附加税费申报表（一般纳税人适用）》《增值税及附加税费申报表（小规模纳税人适用）》《增值税及附加税费预缴表》及其附列资料和《消费税及附加税费申报表》（附件 1– 附件 7），《废止文件及条款清单》（附件 8）所列文件、条款同时废止。

特此公告。

附件：1.《增值税及附加税费申报表（一般纳税人适用）》及其附列资料

2.《增值税及附加税费申报表（一般纳税人适用）》及其附列资料填写说明

《增值税及附加税费申报表（一般纳税人适用）》及其附列资料

《增值税及附加税费申报表（一般纳税人适用）》及其附列资料填写说明

国家税务总局

2021 年 7 月 9 日

附录二　国家税务总局关于发布《中华人民共和国企业所得税月（季）度预缴纳税申报表（A 类）》的公告

国家税务总局公告 2021 年第 3 号

为贯彻落实党中央、国务院关于深化"放管服"改革、优化营商环境的部署，进一步减轻纳税人负担，优化执法方式，税务总局决定，在 2021 年"我为纳税人缴费人办实事暨便民办税春风行动"中推出"修订查账征收企业所得税预缴纳税申报表，简化表单样式"的行动举措。根据《中华人民共和国企业所得税法》及有关税收政策，现将简化后的《中华人民共和国企业所得税月（季）度预缴纳税申报表（A 类）》予以发布，并就有关事项公告如下：

一、《中华人民共和国企业所得税月（季）度预缴纳税申报表（A 类）》适用于实行查账征收企业所得税的居民企业月度、季度预缴申报时填报。

二、执行《跨地区经营汇总纳税企业所得税征收管理办法》（国家税务总局公告 2012 年第 57 号发布，2018 年第 31 号修改）的跨地区经营汇总纳税企业的分支机构，使用《中华人民共和国企业所得税月（季）度预缴纳税申报表（A 类）》进行月度、季度预缴申报和年度汇算清缴申报。

三、省（自治区、直辖市和计划单列市）税务机关对仅在本省（自治区、直辖市和计划单列市）内设立不具有法人资格分支机构的企业，参照《跨地区经营汇总纳税企业所得税征收管理办法》征收管理的，企业的分支机构按照本公告第二条规定进行月度、季度预缴申报和年度汇算清缴申报。

四、企业申报各类优惠事项及扶贫捐赠等特定事项时，根据《企业所得税申报事项目录》中的事项名称填报。《企业所得税申报事项目录》在国家税务总局网站"纳税服务"栏目另行发布，并根据政策调整情况适时更新。

五、本公告自 2021 年 4 月 1 日起施行。《国家税务总局关于修订〈中华人民共和国企业所得税月（季）度预缴纳税申报表（A 类，2018 年版）〉等报表的公告》（2020 年第 12 号）中的附件 1《中华人民共和国企业所得税月（季）度预缴纳税申报表（A 类，2018 年版）》（2020 年修订）同时废止。

特此公告。

附件：中华人民共和国企业所得税月（季）度预缴纳税申报表（A 类）

中华人民共和国
企业所得税月（季）
度预缴纳税申报表
（A 类）

国家税务总局
2021 年 03 月 15 日

附录三　中华人民共和国印花税法

（2021 年 6 月 10 日第十三届全国人民代表大会
常务委员会第二十九次会议通过）

第一条　在中华人民共和国境内书立应税凭证、进行证券交易的单位和个人，为印花税的纳税人，应当依照本法规定缴纳印花税。

在中华人民共和国境外书立在境内使用的应税凭证的单位和个人，应当依照本法规定缴纳印花税。

第二条　本法所称应税凭证，是指本法所附《印花税税目税率表》列明的合同、产权转移书据和营业账簿。

第三条　本法所称证券交易，是指转让在依法设立的证券交易所、国务院批准的其他全国性证券交易场所交易的股票和以股票为基础的存托凭证。

证券交易印花税对证券交易的出让方征收，不对受让方征收。

第四条　印花税的税目、税率，依照本法所附《印花税税目税率表》执行。

第五条　印花税的计税依据如下：

（一）应税合同的计税依据，为合同所列的金额，不包括列明的增值税税款；

（二）应税产权转移书据的计税依据，为产权转移书据所列的金额，不包括列明的增值税税款；

（三）应税营业账簿的计税依据，为账簿记载的实收资本（股本）、资本公积合计金额；

（四）证券交易的计税依据，为成交金额。

第六条　应税合同、产权转移书据未列明金额的，印花税的计税依据按照实际结算的金额确定。

计税依据按照前款规定仍不能确定的，按照书立合同、产权转移书据时的市场价格确定；依法应当执行政府定价或者政府指导价的，按照国家有关规定确定。

第七条　证券交易无转让价格的，按照办理过户登记手续时该证券前一个交易日收盘价计算确定计税依据；无收盘价的，按照证券面值计算确定计税依据。

第八条　印花税的应纳税额按照计税依据乘以适用税率计算。

第九条　同一应税凭证载有两个以上税目事项并分别列明金额的，按照各自适用的税目税率分别计算应纳税额；未分别列明金额的，从高适用税率。

第十条　同一应税凭证由两方以上当事人书立的，按照各自涉及的金额分别计算应纳税额。

第十一条　已缴纳印花税的营业账簿，以后年度记载的实收资本（股本）、资本公积合计金额比已缴纳印花税的实收资本（股本）、资本公积合计金额增加的，按照增加部分计算应纳税额。

第十二条　下列凭证免征印花税：

（一）应税凭证的副本或者抄本；

（二）依照法律规定应当予以免税的外国驻华使馆、领事馆和国际组织驻华代表机构为获得馆舍书立的应税凭证；

（三）中国人民解放军、中国人民武装警察部队书立的应税凭证；

（四）农民、家庭农场、农民专业合作社、农村集体经济组织、村民委员会购买农业生产资料或者销售农产品书立的买卖合同和农业保险合同；

（五）无息或者贴息借款合同、国际金融组织向中国提供优惠贷款书立的借款合同；

（六）财产所有权人将财产赠与政府、学校、社会福利机构、慈善组织书立的产权转移书据；

（七）非营利性医疗卫生机构采购药品或者卫生材料书立的买卖合同；

（八）个人与电子商务经营者订立的电子订单。

根据国民经济和社会发展的需要，国务院对居民住房需求保障、企业改制重组、破产、支持小型微型企业发展等情形可以规定减征或者免征印花税，报全国人民代表大会常务委员会备案。

第十三条　纳税人为单位的，应当向其机构所在地的主管税务机关申报缴纳印花税；纳税人为个人的，应当向应税凭证书立地或者纳税人居住地的主管税务机关申报缴纳印花税。

不动产产权发生转移的，纳税人应当向不动产所在地的主管税务机关申报缴纳印花税。

第十四条　纳税人为境外单位或者个人，在境内有代理人的，以其境内代理人为扣缴义务人；在境内没有代理人的，由纳税人自行申报缴纳印花税，具体办法由国务院税务主管部门规定。

证券登记结算机构为证券交易印花税的扣缴义务人，应当向其机构所在地的主管税务机关申报解缴税款以及银行结算的利息。

第十五条　印花税的纳税义务发生时间为纳税人书立应税凭证或者完成证券交易的当日。

证券交易印花税扣缴义务发生时间为证券交易完成的当日。

第十六条　印花税按季、按年或者按次计征。实行按季、按年计征的，纳税人应当自季度、年度终了之日起十五日内申报缴纳税款；实行按次计征的，纳税人应当自纳税义务发生之日起十五日内申报缴纳税款。

证券交易印花税按周解缴。证券交易印花税扣缴义务人应当自每周终了之日起五日内申报解缴税款以及银行结算的利息。

第十七条　印花税可以采用粘贴印花税票或者由税务机关依法开具其他完税凭证的方式缴纳。

印花税票粘贴在应税凭证上的，由纳税人在每枚税票的骑缝处盖戳注销或者画销。

印花税票由国务院税务主管部门监制。

第十八条　印花税由税务机关依照本法和《中华人民共和国税收征收管理法》的规定征收管理。

第十九条　纳税人、扣缴义务人和税务机关及其工作人员违反本法规定的，依照《中华人民共和国税收征收管理法》和有关法律、行政法规的规定追究法律责任。

第二十条　本法自 2022 年 7 月 1 日起施行。1988 年 8 月 6 日国务院发布的《中华人民共和国印花税暂行条例》同时废止。

印花税税目税率表见附表 1。

附表 1：印花税税目税率表

税目		税率	备注
合同（指书面合同）	借款合同	借款金额的万分之零点五	指银行业金融机构、经国务院银行业监督管理机构批准设立的其他金融机构与借款人（不包括同业拆借）的借款合同
	融资租赁合同	租金的万分之零点五	
	买卖合同	价款的万分之三	指动产买卖合同（不包括个人书立的动产买卖合同）
	承揽合同	报酬的万分之三	
	建设工程合同	价款的万分之三	
	运输合同	运输费用的万分之三	指货运合同和多式联运合同（不包括管道运输合同）
	技术合同	价款、报酬或者使用费的万分之三	不包括专利权、专有技术使用权转让书据
	租赁合同	租金的千分之一	
	保管合同	保管费的千分之一	
	仓储合同	仓储费的千分之一	
	财产保险合同	保险费的千分之一	不包括再保险合同
产权转移书据	土地使用权出让书据	价款的万分之五	转让包括买卖（出售）、继承、赠与、互换、分割
	土地使用权、房屋等建筑物和构筑物所有权转让书据（不包括土地承包经营权和土地经营权转移）	价款的万分之五	
	股权转让书据（不包括应缴纳证券交易印花税的）	价款的万分之五	
	商标专用权、著作权、专利权、专有技术使用权转让书据	价款的万分之三	
营业账簿		实收资本（股本）、资本公积合计金额的万分之二点五	
证券交易		成交金额的千分之一	

主要参考文献

［1］ 刘树良.企业沙盘模拟决策理论与实战［M］.北京:电子工业出版社,2008.

［2］ 路晓辉,陈晓梅.沙盘模拟原理及量化剖析［M］.北京:化学工业出版社,2010.

［3］ 宁健,梁伟.ERP 沙盘模拟企业经营实训教程［M］.2 版.大连:东北财经大学出版社, 2018.

［4］ 秦菲,王冰,吴楠.管理会计实务［M］.北京:北京交通大学出版社,2020.

［5］ 黄娇丹.金蝶 ERP 沙盘模拟经营实验教程［M］.2 版.北京:清华大学出版社,2020.

高等教育出版社

教学资源索取单

尊敬的老师:

　　您好!

　　感谢您使用**付晓**等编写的《**财务管理综合实训**》。为便于教学,本书另配有课程相关教学资源,如贵校已选用了本书,您只要加入会计教师论坛 QQ 群,或者添加服务 QQ 号800078148,或者把下表中的相关信息以电子邮件方式发至我社即可免费获得。

　　另外,我们研发有 **8 门财会类课程试题库**:"**基础会计**""**财务会计**""**成本计算与管理**""**财务管理**""**管理会计**""**税务会计**""**税法**""**审计基础与实务**"。题库共 25 000 多道试题,知识点全覆盖,题型丰富,可自动组卷与批改。如贵校选用了高教社沪版相关课程教材,我们将免费提供给老师 **8 门课程题库**生成的**各 6 套试卷及答案**(Word 格式难中易三档),老师也可与我们联系获取更多免费题库资源。

我们的联系方式:

(以下 3 个 "会计教师论坛" QQ 群,加任何一个即可享受服务,请勿重复加入)

QQ3 群: 473802328　　　　QQ2 群: 370279388　　　　QQ1 群: 554729666

联系电话:(021)56961310/56718921　　地址:上海市虹口区宝山路 848 号　　邮编:200081
电子邮箱:800078148@b.qq.com　　服务 QQ:800078148(教学资源)

姓　　名		性别		出生年月		专　　业	
学　　校			学院、系			教 研 室	
学校地址						邮　　编	
职　　务			职　　称			办公电话	
E-mail						手　　机	
通信地址						邮　　编	
本书使用情况		用于 _____ 学时教学,每学年使用 _____ 册。					

您还希望从我社获得哪些服务?

☐ 教师培训　　　　☐ 教学研讨活动
☐ 寄送样书　　　　☐ 相关图书出版信息
☐ 其他_____